Cécile Balbous

Das Sprachknaben-Institut der Habsburgermonarchie in Konstantinopel

Transkulturalität – Translation – Transfer, Band 18
Herausgegeben von
Dörte Andres / Martina Behr / Larisa Schippel / Cornelia Zwischenberger

Cécile Balbous

Das Sprachknaben-Institut der Habsburgermonarchie in Konstantinopel

Frank & Timme
Verlag für wissenschaftliche Literatur

Umschlagabbildung: *First Dragoman*, Octavian Dalvimart, in: Costumes of Turkey. London: Howlet and Brimmer 1804.

ISBN 978-3-7329-0149-4
ISSN 2196-2405

Herstellung durch Frank & Timme GmbH, Wittelsbacherstraße 27a, 10707 Berlin.
Printed in Germany.
Gedruckt auf säurefreiem, alterungsbeständigem Papier.

www.frank-timme.de

Einleitung

Der Schwerpunkt dieser Arbeit liegt auf der Gründung und Entwicklung der ersten orientalischen Sprachschulen für Dolmetscher in Konstantinopel. Unter dem Begriff „Osmanische Sprache“ oder „Osmanisch“ sind die drei Hauptsprachen gemeint, die am Sitz der Regierung des Osmanischen Reichs, der sogenannten Hohe Pforte, verwendet wurden. Diese Sprachen sind Arabisch, Persisch und Türkisch.

Es geht in dieser Arbeit um die Geschichte des Dolmetschens, deshalb ist der historische Kontext besonders wichtig. Wie Delisle (2001) es in seinem Artikel ausdrückt: « Lire historiquement pour l'historien de la traduction signifie plus que reconnaître la présence d'un sujet dans un discours. C'est aussi voir ce sujet dans la société où il a vécu et quels ont été ses rapports avec l'autre » (2001: 214).

Die Entwicklung des Dolmetschens geschichtlich zu lesen heißt also mehr als nur das Subjekt in einem Diskurs zu erkennen. Es geht auch darum, dieses Subjekt in seinem historischen, gesellschaftlichen und geopolitischen Kontext zu untersuchen. Dieser Ansatz gilt insbesondere für die Dragomane bzw. Sprachknaben im politischen, religiösen und wirtschaftlichen Kontext des 16. und 17. Jahrhundert. Hier darf auf keinen Fall der Fehler begangen werden, das Verständnisgerüst des 21. Jahrhundert zu benutzen, um Ereignisse der damaligen Zeit zu verstehen. Genau in dieser Periode (1453–1700), an der Wende zur Moderne, geschah es, dass ein neues System die alte Weltordnung aus dem Mittelalter ersetzte. Der erste Teil dieser Arbeit ist dementsprechend dem historischen Kontext vor der Gründung der Sprachschulen gewidmet. Das 16. und 17. Jahrhundert wurden durch Umbrüche in vielen Bereichen geprägt. Grenzkonflikte und deren Lösungen, Entwicklung neuer Handelswege und nicht zuletzt zentralisiertere Machtstrukturen trugen maßgeblich zur Entstehung neuer diplomatischer Handlungen bei. Im Gegensatz zum Mittelalter wurden zu dieser Zeit zum ersten Mal Verhandlungen oder Abkommen mit dem Feind des Christentums vereinbart. Das Politische wurde wichtiger als das Religiöse.

Es wird im zweiten Kapitel auf Konstantinopel als Schauplatz europäischer Machtkämpfe und der Entwicklung einer modernen Diplomatie im Zuge der Zentralisierung von Machtstrukturen in Europa eingegangen. In diesem Kontext wird dann die Frage untersucht, warum die europäischen Mächte sich dafür entschieden, ihre eigenen Dolmetscher für ihre Beziehungen mit dem Osmanischen Reich auszubilden. Hier werden Begriffe wie Sprachknaben, Dragomane etc. definiert. Darüber hinaus werden auch die ersten Ausbildungsmodelle und ihre Erfolge bzw. Misserfolge beschrieben.

Im dritten Teil wird genauer auf das Modell Frankreichs und der Habsburgermonarchie eingegangen. Diese zwei Schulen sind von zentraler Bedeutung, einerseits aufgrund des Konfliktes um die Vorherrschaft in Europa, den diese zwei Großmächte sich ab dem 16. Jahrhundert lieferten, andererseits weil beide Schulen zur Gründung der Orientalischen Akademie in Wien bzw. der École des Jeunes de Langue und später der Schule der orientalischen Sprachen in Paris geführt haben.

Die vorliegende Arbeit versucht, das genaue Gründungsjahr des Sprachknaben-Instituts der Habsburgermonarchie zu belegen, und untersucht einen wichtigen Aspekt der Dolmetschausbildung, zumal es zu dieser Zeit zum ersten Mal Versuche gab, Dolmetscher systematisch auszubilden.

Dafür waren umfangreiche Literaturrecherchen notwendig, die den interdisziplinären Charakter der Dolmetschwissenschaft besonders hervorheben.

Außerdem waren die Aufgaben der Dragomane nicht auf das Übersetzen oder Dolmetschen beschränkt, sondern es wurden unter anderem diplomatisches Geschick und kulturelle Kenntnisse verlangt. Es stellte sich damals schon die Frage, ob eine Dolmetschausbildung eine rein sprachliche Ausbildung sein sollte oder ob die politischen, kulturellen Kompetenzen neben den sprachlichen Kenntnissen genauso wichtig sind.

1. Historischer Kontext im Überblick (16. und 17. Jahrhundert)

1.1. Der Orient und der Okzident im Umbruch

1.1.1. Die Eroberung Konstantinopels 1453

Die Eroberung Konstantinopels im Jahr 1453 markierte das Ende des Byzantinischen Reichs und den Aufstieg des Osmanischen Reichs zur Großmacht. Durch seine schnelle Expansion wurden die europäischen Mächte gezwungen, das Osmanische Reich militärisch und politisch wahrzunehmen.

> Das Osmanische Reich und die Habsburgermonarchie verband zweifellos eine jahrhundertelange Feindschaft und eine gemeinsame konfliktreiche Geschichte. Trotz dieser unbestreitbaren Gegnerschaft nahmen sich diese beiden, organisatorisch höchst unterschiedlich strukturierten Staatsgebilde bzw. deren Untertanen gegenseitig intensiv „wahr", reagierten aufeinander, betrieben miteinander Handel, rezipierten unterschiedliche Konfessionsvorstellungen und wurden in der jeweiligen Propaganda mit dem Bild des „Anderen" konfrontiert. (Kurz *et al.* 2005: 11)

Als es Sultan Mehmed II. am 29. Mai 1453 gelang, die Stadt Konstantinopel zu erobern, bedeutete dies den endgültigen Untergang des Byzantinischen Reichs. Der letzte byzantinische Kaiser Konstantin XI. fiel und dies bedeutete das Ende des oströmischen Reiches. Die Nachricht verbreitete sich sehr schnell in Europa und löste einen Schock aus. Es wurde befürchtet, dass die Türken versuchen würden, ihr Reich nach Südosteuropa zu erweitern.

> Die Eroberung Konstantinopels wirkte wie ein Fanal, obwohl die Frontlinien schon seit einiger Zeit standen, wurde die Türkenfrage nun erstmals einer breiteren Öffentlichkeit ins Bewußtsein gebracht, und natürlich blieb der Türkenschrei nicht die einzige publizistische Reaktion. (Thumser 1997: 60)

Die Expansion des Osmanischen Reichs hatte im Anschluss einen großen Einfluss auf die Entwicklung der europäischen Identität. Erkens (1997) stellt fest: „Einig ist man sich jedoch darüber, dass sich das moderne Verständnis von Europa seit dem 15. Jahrhundert nicht zuletzt unter dem Druck der osmanischen Expansion zu formen begann." (1997: 8).

Ein modernes Europa, das auch abseits des Christentums als einigendes Merkmal existierte und großteils ab dem 15./16. Jahrhundert säkular wurde, entstand einerseits aufgrund der Reformation, die der christlichen Religion ihre Alleinstellung weggenommen hatte und andererseits aufgrund der Renaissance, die ein kulturelles Modell des Westen darstellte.

> The idea of Europe is a creation of the fifteenth and sixteenth centuries, for it was in these centuries that it entered into its own as a secularised version of Christendom which began to decline as a unifying narrative. The Reformation and the seventeenth century wars of religion shattered the unity of Christendom. The Renaissance and the Enlightenment provided the basis for a new secular identity. (Delanty 1995: 65)

Damit entwickelten sich neue europäische Identitäten, die auch einen anderen Umgang mit Fremden (den Osmanen) ermöglichten und erlaubten. Das Osmanische Reich und dessen Expansion wurden ab dem späten Mittelalter als große Gefahr gesehen. Dennoch wurden gegen Ende des 16. Jahrhunderts verschiedene Abkommen und Verträge zwischen den europäischen Mächten und dem Osmanischen Reich abgeschlossen, um sich einerseits gewisse Rechte zu sichern, aber auch um andererseits den Gegner zu schwächen.

> While the vision of the Turkish menace still remained a powerful motif in western political culture, it gradually ceased to be the dominant one. It was not, in fact, unusual for western powers, especially France, to make alliances with the Turks in order to defeat opponents, which in the case of France was the Habsburg Empire. Relations between the Ottomans and the European powers became increasingly more secular by the end of the seventeenth century when Europe replaced Christendom as the accepted frame of cultural reference. (Delanty 1995: 67)

Die türkische Gefahr behielt aber weiter eine große Bedeutung im politischen Diskurs, insbesondere während der Türkenkriege, die vom 16. bis ins 18. Jahrhundert dauerten. Diese Zeit war von vielen diesbezüglichen Texten wie z. B. den Türkenreden geprägt.

Die Türkenreden waren rhetorische Texte, die vor politischen Versammlungen in Europa vorgetragen wurden. Sie dienten dazu, eine gemeinsame Identität gegenüber dem Feindbild des ‚Türken‘ zu bilden und somit von der Dringlichkeit eines gegen die Türken zu führenden Kriegs zu überzeugen.

> Es war eine Situation eingetreten, in der die kaiserliche Universalmacht des Okzidents noch gefragt war: als Protektor der Christenheit. Es kam die Stunde des Enea Silvio Piccolomini. Ehe er in atemberaubendem Aufstieg 1458 Papst wurde, hatte der junge Adlige aus Siena im Norden, zuerst auf dem europäischen Forum des Konzils von Basel (1431–1449), dann ab 1442 am habsburgischen Kaiserhof Karriere gemacht. Jetzt, als der Kaiser handeln musste, trat Enea als sein Vertreter auf den dafür seit jeher vorgesehenen Foren, den Reichstagen, auf. Im Namen Friedrichs III. rief er die deutschen Fürsten zum Krieg gegen die Türken. Das Neue daran war, dass hier deutsche Reichsversammlungen erstmals zum Performanzraum der reaktivierten antiken Oratorik wurden. Enea wurde ein Prototyp des „humanist crusader“ (Hankins). Der von ihm kreierte Typ der ‚Türkenrede‘ gehörte seither zu den Basiselementen künftiger Reichstage, mindestens bis Ende des 16. Jahrhunderts. Von den vier erhaltenen ‚Türkenreden‘, die er 1454/55 auf den Tagen von Regensburg, Frankfurt und Wiener Neustadt hielt, ist es vor allem die Frankfurter Rede vom 15. Oktober 1454, nach ihrem programmatischen Incipit „Constantinopolitana clades“, die man immer wieder als Beleg für seine Europaidee zitiert findet. (Helmrath 2005: 362)

Die Hauptakteure der Türkenkriege vom 16. bis ins 18. Jahrhundert waren die Republik Venedig, Österreich-Ungarn, Polen-Litauen und später Russland. Im Gegenzug verbündeten sich Frankreich, Schweden und Preußen zeitweise mit dem Osmanischen Reich.

Insbesondere nach der Schlacht von Mohács (1526) – Sieg der Türken über die Ungarn – wurde das Ziel des Osmanischen Reichs, Europa zu erobern, sehr deutlich. Diese Schlacht trug maßgeblich zur Veränderung der politischen Situation der nächsten Jahrzehnte bei.

1.1.2. Die Schlacht von Mohács

Bis 1526 bildete das Osmanische Reich noch keine direkte Bedrohung für die Habsburgermonarchie, aber die Eroberungen von Belgrad (1521) und Rhodos (1522) waren trotzdem gefährliche Zeichen.

Wie Istvan Hiller es in seinem Text „Frieden und Feindbild“ beschreibt, hatte die Schlacht von Mohács nicht nur eine historische Bedeutung, sondern wirkte sich auch auf die Bereiche der Politik, der Wissenschaft und der Künste aus.

> Der 29. August 1526 ist ein Markstein der ungarischen Geschichte. Die Schlacht von Mohács schloss eine Entwicklungsphase in der Geschichte des von St. Stephan gegründeten ungarischen Staates ab und eröffnete einen Zeitraum, in dem der politische Alltag in Mitteleuropa für Jahrhunderte neu bestimmt wurde. (Hiller 2011: 46)

Das Osmanische Reich seinerseits führte im 16. Jahrhundert auch verschiedene Reformen durch, die unter anderem zum erfolgreichen Sieg in Mohács führten. Die Osmanische Expansion in Europa wurde als gesamteuropäisches Problem angesehen und die kulturelle Elite Europas um Erasmus von Rotterdam, einen Gelehrten und Humanisten aus Rotterdam in Holland, sah eine gesamteuropäische Lösung als einziges Mittel, um diese Expansion zu stoppen.

Dies wurde aber auf politischer Ebene anders gesehen. Frankreich betrachtete das aufsteigende Osmanische Reich als einen nützlichen Verbündeten gegen die Habsburger. Venedig wollte auf keinen Fall seinen Einfluss im Mittelmeergebiet verlieren, England sah sich nicht bedroht und schlug lieber den Weg neuer Handelsbeziehungen ein, als gegen die Osmanen zu kämpfen.

> Die Lösung des Problems könne nur durch die Vereinigung der christlichen Kräfte erfolgen. [...] Doch die große europäische Politik dachte anders. Frankreich erkannte schon frühzeitig, dass das Reich Sulejmans im Rücken der Habsburger ein potentieller und nützlicher Verbündeter sein könnte und erweiterte mit diesem nicht nur seine diplomatischen Kontakte, sondern auch seine Handelsverbindungen. Venedig verfügte über jahrhundertealte Traditionen im levantinischen Raum, und in Konstantinopel lebte eine einflussreiche und bedeutende venetianische Kolonie, die ihren Osthandel unter keinen Umständen verlieren wollte. (Hiller 2011: 47)

Im Anschluss an die Schlacht von Mohács kam es zum Krieg des Osmanischen Reiches mit den Habsburgern, weil der Habsburger Ferdinand I. die Krone Ungarns beanspruchte.

Somit wurde die erste Türkenbelagerung Wiens ursprünglich durch den Streit um den Thron Ungarns verursacht (vgl. Rathkolb 2004: 47). Die Habsburger erhoben Anspruch auf die Krone, der ungarische Adel wählte aber Johann Zapolya zum ungarischen König. Ferdinand aus Österreich ließ sich dennoch auch zum König wählen. Daraufhin suchte Zapolya den Schutz des Osmanischen Reichs, das schon seit 1526 Teile Ungarns besetzte.

Der Vormarsch der Osmanen konnte von Karl V. nicht gestoppt werden, da er und große Teile seiner Armee gegen das Haus Valois um die Vorherrschaft Europas in Italien kämpfte. So kamen die Osmanen im Jahr 1529 schließlich bis nach Wien. Die Habsburger konnten jedoch, unterstützt von den Truppen des Heiligen Römischen Reiches, die Belagerer zurückschlagen. Überall in Europa wurde die Belagerung Wiens aufmerksam verfolgt.

Im Friedensvertrag von 1533 wurde Ungarn schließlich aufgeteilt. Die Habsburger behielten den westlichen Teil Ungarns, der Rest musste an das Osmanische Reich abgetreten werden. Dennoch konnte somit die Expansion des Osmanischen Reiches nach Mitteleuropa gestoppt werden.

Die Habsburgermonarchie befand sich in einer schwierigen Lage. Ein erster Schritt wurde getan, indem die Staatsverwaltung reformiert wurde und so 1556 der Hofkriegsrat entstand, der die Koordination der Verteidigung und Kriegsführung gegen die Türken übernahm (vgl. Hiller 2011: 48).

In den nächsten Jahren bis zum Friedensschluss von Adrianopel 1606 wurde allerdings militärisch gekämpft. Es wurde dann aber klar, dass Frieden herrschen musste, um das Verhältnis zwischen den Habsburgern und dem Osmanischen Reich zu regeln (vgl. Hiller 2011: 49).

1.2. Die Reformation

Zu all dem kamen auch noch die religiösen Umbrüche durch die Reformation und neue Machtverhältnisse entstanden in Europa. Die Reformation bezeichnete eine kirchliche Erneuerungsbewegung zwischen 1517 und 1648, die zur Spaltung des westlichen Christentums in verschiedene Konfessionen (katholisch, lutherisch, reformiert) führte. Als Beginn wird allgemein angesehen, als Martin Luther seine 95 Thesen an der Kirchentür von Wittenberg angeschlagen hatte, das Ende der Reformation wird mit dem Westfälischen Frieden von 1648 datiert.

> Gerade um das Jahr 1530 spitzten sich die Auseinandersetzungen um den rechten Glauben zu und können seitdem kaum mehr ohne den türkischen Hintergrund gesehen werden, verknüpften doch die protestantischen Fürsten in jenem Jahre auf dem Reichstag in Augsburg die Bestätigung des Wormser Edikts von 1521 mit der Türkenhilfe für den Kaiser. (Müller 2005: 261–262)

Die Protestanten, besonders in Ungarn, beeinflussten die politischen Ereignisse, indem sie versuchten, sich mit dem Osmanischen Reich zu verbünden und trugen so zu seiner Expansion bei. Im Gegenzug erhielten sie lokalen Schutz.

> Der Türke ist ‚Luthers Glück' sagte man; denn für die Türkenkriege wurden die Reichsstände um Hilfe gebeten und konnten diese von Zugeständnissen in konfessionellen Fragen abhängig machen. Kaiser Karl V. und sein Bruder, König Ferdinand, waren keine Gegenreformatoren, aber sie strebten die Einheit der Christenheit an, weil Karls Traum von einem Universalreich nur mit Hilfe einer Universalreligion – der römisch katholischen – realisierbar schien. Diese Vorstellung hatte ihre Berechtigung, da politische Gegensätze in einer Zeit, in der jedes Denken von der Religion beherrscht war, sehr rasch in einen religiösen Konflikt mündeten. Daher artikulierten die Stände ihre oppositionelle Haltung gegenüber der kaiserlichen Politik nicht zuletzt mit einer Hinwendung zum Protestantismus. Wenn sich auch die Protestanten des Reichs bei ihren Kämpfen gegen den katholische Kaiser niemals mit dem Sultan verbündeten, so verknüpften sie doch stets die von Habsburg geforderte Türkenhilfe mit einem Entgegenkommen in Glaubensfragen. (Buchmann 1999: 92)

Das Osmanische Reich betrachtete die Reformation ebenfalls als einen Vorteil für sich, da sie bei den europäischen Mächten zu Innenkonflikten führten. Das Osmanische Reich sah die Christen nicht als einen einheitlichen Feind, sondern es unterschied zwischen den Katholiken und Protestanten. Diese Konflikte galten als Vorteil, denn sie beanspruchten sämtliche Kräfte der europäischen Mächte und das Osmanische Reich konnte sich währenddessen weiterentwickeln (vgl. Norton 2005: 80).

> Similarly, the enemy ‚other' was not simply Christianity, indeed for the audiences of this corpus of manuscripts Protestantism personified by the leadership of the king of

> the Lutherans was imagined as a positive benefit not a disadvantage to the Ottomans: Luther was indeed the Turks' luck. (Norton 2005: 81)

Die Reformation hatte auch einen Einfluss auf die Beziehungen zwischen der Habsburgermonarchie und Frankreich. Die Protestanten genossen seit dem Edikt von Nantes (1598) einen besonderen Schutz.

Das Edikt von Nantes war ein Abkommen zwischen den Protestanten und Katholiken in Frankreich, das von König Henri IV. erlassen wurde. Damit wurden die Religionskriege in Frankreich beendet. Dieses Abkommen war einzigartig im damaligen Europa und gewährte den Protestanten in einigen Gebieten die freie Ausübung ihrer Religion; auch ihre Sicherheit wurde gewährleistet. Aus dieser Position heraus bot Frankreich seine Unterstützung auch den Protestanten im Deutschen Reich an, wie Ralf C. Müller (2005) es erklärt: „Die so Verbundenen sahen in Frankreich, England, Dänemark und besonders in Johann Zápolya Partner, wobei letzterer auf die Hilfe durch die Türken verzichten sollte.“ (2005: 262).

Diese Unterstützung war Teil der Politik Frankreichs, die Macht der Habsburger zu verringern, denn damit konnte Frankreich seine Grenzen im Osten und Norden sichern. Es erklärt auch, warum sich die Protestanten in Ungarn mit dem Osmanischen Reich oder mit Frankreich verbündeten, obwohl beide Mächte historisch gesehen eher Feinde hätten sein sollen. Der Kaiser des Heiligen Römischen Reichs Deutscher Nation (Habsburg) versucht, Deutschland und die Kurfürsten besser zu kontrollieren. Diese suchen gern den Schutz des französischen Königs. Andererseits erscheint der König von Spanien (Habsburg) als der Meister des Katholizismus und wird verdächtigt, Europa beherrschen zu wollen. Frankreich scheint die einzige Macht zu sein, die ihm Widerstand leisten kann. Noch dazu haben die Protestanten eine wichtige Stellung in Frankreich durch den Edit von Nantes (vgl. Bély 2011: 1158).

Die Verbreitung der Reformation hatte auch andere Konsequenzen. Die Kurfürsten, die sich dafür entschieden, hatten die Güter der katholischen Kirche verweltlicht und verfügten damit über umfangreiche finanzielle Mittel, um Soldaten zu rekrutieren oder Untertanen zu belohnen und konnten eine bedeutende Rolle auf internationaler Ebene spielen.

> Pour les princes, ce nouvel ordre (Augsbourg – cujus regio, ejus religio) montre l'échec de l'autorité impériale à reconstituer l'unité religieuse, et prouve donc la faiblesse politique de l'empereur – et certains des empereurs du 16e siècle ne sont pas forcément hostiles aux idées réformées. Si cette paix dans l'empire est durable, elle est aussi peu à peu remise en cause par une série de petits drames. D'un côté, il est tentant pour les princes passés au protestantisme de séculariser des biens ecclésiastiques, au grand dam de l'Église romaine; il y a eu l'exemple du grand Maître de l'Ordre Teutonique. (Bély 2007: 107)

Im Gegenzug versuchte die katholische Kirche und mit ihr der Papst dagegen zu wirken. Dafür wurden neue Orden gegründet, die es ermöglichen sollten, einen Teil ihrer verlorenen Macht wieder zu erlangen. Im Zuge dessen wurde die Orden der Jesuiten und der Kapuziner gegründet, die später eine wesentliche Rolle in der Entwicklung der Schulen für orientalische Sprachen in Frankreich und Österreich spielen sollten.

1.3. Grenzkonflikte in Südosteuropa

Unter der Herrschaft Karls V. war Spanien Teil des Heiligen Römischen Reichs, das auch Gebiete im Burgund (heute Picardie, Belgien und die Niederlande), Gebiete in Südosteuropa und die Habsburger Lande mit dem Kernland Österreich sowie die spanischen Kolonien in Amerika umfasste.

Dieses Reich wird dann nach dem Tod Karls V. geteilt und die spanische Linie von der österreichischen Linie getrennt. Vor dieser Trennung hatten aber die Habsburger Grenzen zu Frankreich, Venedig und dem Osmanischen Reich. Die Habsburger (Spanien und Österreich) standen solidarisch zueinander und gewährten sich gegenseitige Hilfe mit Prinzen/Prinzessinnen, wenn ein Familienzweig mangels Erben hätte verschwinden können und leisteten sich auch militärischen Beistand. Diese Macht der Habsburger lag schwer auf Frankreich, dessen Gebiet von den Habsburgern eingekreist zu sein schien.

Der Kampf um die Vorherrschaft zwischen Karl V. und Franz I. hatte verhängnisvolle Konsequenzen für den christlichen Okzident und trug zur Verbreitung der Ideen der Reformation bei. Vor allem ermöglichte dieser Machtkampf dem Osmanischen Reich, fast ganz Ungarn zu erobern.

Frankreich versuchte somit Verbündete zu gewinnen, die gegen den Einfluss der Habsburger helfen konnten. So verbündete sich Frankreich unter der Herrschaft von König Franz I. mit dem Osmanischen Reich. Es gab keinen Bündnisvertrag, aber eine enge Kooperation zwischen den beiden Mächten.

Dieses Bündnis mündete in verschiedene Abkommen, die als Kapitulationen bezeichnet werden und den Handel des Osmanischen Reiches mit Frankreich und später mit den verschiedenen europäischen Staaten betrafen. Der Begriff Kapitulationen leitet sich von den Texten ab, die in Kapiteln – *capitule* – abgefasst sind.

Die Europäer konnten nur unter der Schirmherrschaft Frankreichs Handel mit dem Osmanischen Reich treiben, darüber hinaus war der König Frankreichs seit den Kapitulationen von 1535 als einziger Schützer der christlichen Heiligen Stätte des ehemaligen Byzantinischen Reichs anerkannt. Frankreich war moralisch dazu verpflichtet, die Christen und die christlichen Stätten im Orient durch seine Gesandten und Botschafter unter seinen Schutz zu nehmen. Dadurch sicherte sich Frankreich auch einen Vorteil in seinen Beziehungen mit den christlichen Gemeinschaften von Konstantinopel.

Im 17. Jahrhundert war die Politik Frankreichs nicht mehr nur davon geprägt, die Gefahr der Habsburger abzuwehren, sondern seine Gebiete zu erweitern und auch durch Handelsbeziehungen zu stärken.

> [...] die osmanisch-französischen Verträge, die in dieser Periode (1530–1600) abgeschlossen wurden, hatten sehr wohl eine gemeinsame Form: die weitgehende Übereinstimmung der politischen Zielsetzungen, die Eindämmung der habsburgischen Macht, die handelspolitische Zusammenarbeit [...]. (Strohmeyer 2005: 159)

Ludwig XIV. führte viele Kriege, um sein Reich vor allem im Nordosten in den heutigen Niederlanden zu stärken und vor den Habsburgern zu schützen. Diese Kriege kosteten viel Geld und deshalb war es wichtig, eine positive Handelsbilanz zu erzielen. Jules Mazarin und später Jean-Baptiste Colbert arbeiteten daran, indem sie eine strenge Wirtschaftspolitik einführten.

Jean-Baptiste Colbert war Finanzminister unter Ludwig XIV. und führte eine neue Finanzpolitik ein, die die Entwicklung des Handels und der Industrie in Frankreich zum Ziel hatte, indem staatliche Fabriken gegründet wurden.

Neben Steuereinnahmen, die nicht so ertragreich waren, weil sie zu Aufständen führten, die es auch zu unterdrücken galt, was wiederum viel Geld kostete, ergriffen Mazarin aber vor allem Colbert Maßnahmen, um die Wirtschaft anzukurbeln. Das Motto von Colbert war: die Exporte steigern, die Importe verringern. Er gründete dafür Manufakturen und führte ein stark protektionistisches System ein. Die Handwerker verfügten in Frankreich über die besten Materialien und konnten leichter verkaufen. Er verbesserte die Infrastruktur, vor allem im Bereich des Straßenbaus, entwickelte neue Vertriebswege insbesondere im Mittelmeer und gründete dafür die Handelsmarine, um die Produkte zu verkaufen und die Kriegsmarine, um die Handelsschiffe zu schützen. Auch Handelsorganisationen wurden gebildet, die im Mittelmeer und im Osmanischen Reich tätig waren.

Schließlich war es Frankreich wichtig, seine beträchtlichen Interessen im Osmanischen Reich auf wirtschaftlicher und religiöser Ebene zu wahren. Diese privilegierte Position genoss es seit den Kapitulationen zwischen Franz I. und Suleyman.

Auch wenn diese Allianz in der christlichen Welt als gegen die Natur angesehen wurde, führten die Könige Frankreichs diese Politik mit dem Osmanischen Reich weiter, um gegen die Macht der Habsburger zu kämpfen.

> Enfin la France a des intérêts considérables dans l'Empire Ottoman tant sur le plan économique que sur le plan religieux et elle souhaiterait demeurer l'interlocuteur privilégé de la Porte, place qu'elle occupait au temps de François 1er et de Soliman: dans le système inauguré par les Capitulations de 1535, le commerce européen se faisait sous la bannière fleurdelysée et le Roi Très Chrétien était le protecteur des Lieux Saints. Ces dispositions ont été confirmées par les Capitulations de 1673; toutefois, Anglais, Hollandais et Vénitiens n'utilisent plus depuis longtemps la bannière de France et naviguent sous leur propre pavillon. Le Roi a toutefois rappelé ces importantes dispostions dans l'instruction donnée en 1679 à Guilleragues, lorsque celui-ci fut nommé ambassadeur de France à Constantinople. (Bérenger 1995: 88)

Das Osmanische Reich konnte also dank dieser Bündnisse seine Expansionspolitik weiterbetreiben und eroberte im Laufe des 16. Jahrhunderts Südosteuropa, um im 17. Jahrhundert erneut bis an die Tore Wiens zu gelangen.

Im Ägäischen Meer kämpfte das Osmanische Reich gegen die Republik Venedig um die Vorherrschaft. Hier ging es vor allem Handelswege aber auch um strategische militärische Positionen in der Ägäis und im Mittelmeer. Vor allem die Kolonien Venedigs im Mittelmeer, die sich sehr nah an der türkischen Küste befanden, waren stets eine Gefahr für das Osmanische Reich. Seit Ende des 15. Jahrhunderts versuchte das Osmanische Reich, Venedig aus dem Mittelmeer zurückzudrängen. Da aber beide Mächte wirtschaftlich abhängig voneinander waren (Getreide gegen Luxuswaren), wurde dieser Konflikt dauerhaft und die Beziehungen waren von Kriegszeiten und Friedensverträgen geprägt.

Das Osmanische Reich und Venedig führten einen 24-jährigen Krieg gegeneinander. Die Republik Venedig verlor in dieser Zeit immer mehr an Macht und Einfluss zugunsten Englands, Frankreichs und den Niederlanden. Eickhoff (1970) unterstreicht, wie groß die Bedeutung dieser Ereignisse war, und erklärt: „Die Ereignisse […] wurden damals im Westen nicht als entfernte Grenzgefechte, sondern bis Italien und Savoyen, bis Norddeutschland und Paris als Geschehen von brennender Wichtigkeit aufgefasst und wirkten dorthin zurück.“ (1970: 14)

Die Habsburgermonarchie musste die „Türkengefahr“ als Zentralfrage ihrer Außenpolitik berücksichtigen. Die habsburgischen Erblande waren die von den Habsburgern beherrschten Territorien im heutigen Ungarn, Italien, Slowenien und Kroatien, und aufgrund ihrer gemeinsamen Grenzen mit dem Osmanischen Reich kam es zwischen beiden Mächten zu Verhandlungen.

Auch wenn Waffenstillstände zwischen dem Osmanischen Reich und den habsburgischen Erblanden in Osteuropa in der Praxis existierten, fehlte die Grundlage und Infrastruktur einer ständigen Diplomatie, die legitimiert und mit Institutionen und Rechtsformen ausgestattet gewesen wäre (vgl. Müller 2005: 259).

1.4. Der Levantehandel

Das östliche Mittelmeer spielte schon zur Zeit des Byzantinischen Reichs eine bedeutende Rolle für die Handelsbeziehungen zwischen Europa und Asien bzw. Indien. Es war also für die europäischen Mächte wichtig, sich durch Abkommen, die sogenannten Kapitulationen, gute Handelsbedingungen zu sichern.

> Der Türke war auch Frankreichs Glück, denn er zwang die gegen das Haus Valois grundsätzlich aggressiven Habsburger zu einem Zweifrontenkrieg. Im Februar 1536 schloss der „allerchristlichste König“ Franz I. von Frankreich ein Bündnis mit Süleyman II., dem „Kaiser der Kaiser“, [...] mit dieser „Kapitulation“ sicherte sich Frankreich für die nächsten Jahrhunderte eine Vorrangstellung im Levantehandel. (Buchmann 1999: 92)

Die Kapitulationen waren Abkommen zwischen dem Osmanischen Reich und den europäischen Mächten. Ursprünglich garantierten die Kapitulationen den im Osmanischen Reich lebenden fremden Händlern Sicherheit und Rechte. Die Kapitulationen waren in Kapiteln unterteilt. Zu den ursprünglichen Kapiteln zu den Handelsbeziehungen, kamen später, insbesondere durch Forderungen aus Frankreich, Kapitel über die christlichen Geistlichen hinzu. In einem Abkommen von 1604 wurden auch Rechte zum Schutz der Pilger und Geistlichen im Osmanischen Reich gewährt. Diese Kapitulationen wurden in verschiedenen Kapiteln immer weiter entwickelt. Im Lauf der Zeit wurden die Kapitulationen nicht nur einem Individuum gewährt, sondern auch auf staatlicher Ebene gültig.

Sie bestanden aus in fünf Gruppen festgelegten Punkten: (1) persönliche Privilegien, (2) politische Privilegien, (3) Handelsprivilegien, (4) Jurisdiktionsprivilegien und (5) Religionsprivilegien (vgl. Haider Wilson 2005: 126). Die Kapitulationen galten nur, solange der Sultan an der Macht war, der sie unterschrieben hatte. Sie mussten bei jedem Machtwechsel erneuert werden.

Frankreich unterschrieb als erstes Land ein Abkommen mit dem Osmanischen Reich, Es wollte damit vor allem die Vorherrschaft der Habsburger in Europa bekämpfen.

> Die Krone Frankreich hat das gute Einvernehmen mit den Osmanen stets mit großem Eifer unter dem Vorwand des Handelsinteresses gepflegt. In Wahrheit aber war dies stets ein Kunstgriff der großen Politik, um der Macht Österreichs durch das türkische Reich ein Gegengewicht zu bieten. (Eickhoff 1970: 308)

Mit dieser ersten Kapitulation konnte Frankreich als erste europäische Macht die Grundlage für den Handel mit dem Osmanischen Reich schaffen. Auch wenn das Mittelmeer als Handelszentrum immer mehr zugunsten der neuen Märkte in den spanischen Kolonien in Südamerika an Bedeutung verlor, blieb für Frankreich der Handel in der Levante der Wichtigste (vgl. Hassinger 1942: 6).

Unter Jean-Baptiste Colbert, in seiner Funktion als französischer Finanzminister, und Ludwig XIV. war das Ziel Frankreichs, die Vorherrschaft im Levantehandel zu erreichen. Es ist hier interessant anzumerken, dass im gleichen Jahr, 1669, Marseille zum Freihafen erklärt wurde und das Sprachknaben-Institut in Konstantinopel gegründet wurde. 1670 wurde die „Compagnie du Levant"[1] gegründet (vgl. Eickhoff 1970: 307).

Es ist somit klar, dass das Hauptziel der Kapitulationen darin lag, den Handel zu ermöglichen. Anfangs wurden sie für Einzelpersonen abgeschlossen und später auf zwischenstaatlicher Ebene erweitert; sie sind als Gegenleistung für eine politisch motivierte Einigung zu sehen.

> Das völkerrechtliche Phänomen des Kultusprotektorats, das den Bürgern europäischer Mächte aufgrund der „Kapitulationen" eine privilegierte Stellung im Osmanischen Reich einräumte und gleichzeitig die Hoheitsrechte des Osmanischen Reiches einschränkte, wurde im 19. Jahrhundert zu einem Spiegelbild des europäischen Kräfteverhältnisses, [...]. Der „Schutz der Christen" im Osmanischen Reich wurde zu einem gleichermaßen von Nationalismus wie auch Imperialismus geprägten Feld. Die einander argwöhnisch beobachtenden Konsularbehörden der verschiedenen Mächte vor Ort suchten die Rechtsansprüche ihrer Untertanen wie auch der katholischen osmanischen Staatsangehörigen gegenüber dem Osmanischen Reich durchzusetzen und verknüpften somit geschickt politische mit kirchlichen Interessen. (Kurz *et al.* 2005: 13)

1 Die „Compagnie du Levant" war für den Export und Vertrieb von französischen Stoffen im Osmanischen Reich zuständig.

Auch für Venedig und Genua stand damals der Levantehandel im Mittelpunkt. Oft reisten Mitglieder des niederen Adels oder Kaufleute an die Hohe Pforte. Dies wurde schon von der Republik Venedig im späten Mittelalter als eine fruchtbare Strategie im Umgang mit dem Osmanischen Reich erprobt. Die Künstler und Gelehrten, die mitreisten, trugen auch dazu bei, dass das Osmanische Reich von den christlichen Mächten „vertrauter" gesehen wurde und somit wurden bilaterale Friedensbeziehungen langsam möglich

> In seiner [...] Habilitationsschrift hat Josef Engel [...] den Nachweis geführt, dass es der diplomatische Austausch der italienischen Seestädte mit den muslimischen Mittelmeermächten war, der im Spätmittelalter den auf „Nützlichkeitsgesichtspunkten" (Janssen) beruhenden zwischenstaatlichen Austausch erprobte, der schließlich in der europäischen Staatenanarchie des 16. und 17. Jahrhunderts das neuzeitliche Gesandtschaftswesen mit seiner völkerrechtlichen Absicherung hervorbrachte. (Gräf 2005: 46)

Venedig und Genua hatten Kolonien im Mittelmeer und waren vom Handel mit dem Osmanischen Reich abhängig; sie konnten aber nicht mehr zu ihrem früheren Reichtum zurückkehren. Mit der Eröffnung der Seeroute nach Indien und Amerika war der Handel im Mittelmeer einerseits nicht mehr so vielversprechend, andererseits hatte der lange Krieg Venedig geschwächt und andere Staaten hatten bessere Handelsbedingungen mit dem Osmanischen Reich aushandeln können (vgl. Eickhoff 1970: 306).

Frankreich sah auch seine wirtschaftlichen und religiösen Interessen gefährdet, als die Vereinten Niederlande einen Handelsvertrag mit dem Osmanischen Reich abschlossen. Es wurde den niederländischen Schiffen erlaubt, im Mittelmeer unter ihrer eigenen Flagge Handel zu betreiben. Sie waren nicht mehr von Frankreich abhängig, das hier seine Position als Schutzmacht der Christen im Osmanischen Reich verlor aber auch finanzielle Verluste hinnehmen musste (vgl. Gräf 2005: 48).

Hier wird auch noch einmal deutlich, wie politische und wirtschaftliche Interessen verknüpft waren, wie Kurz *et al.* (2005) es ausdrücken: „Religiöse und machtpolitische Kalküle stehen dabei – typisch für den Umgang mit dem Osmanischen Reich – unvermittelt nebeneinander." (2005: 5)

Die Habsburgermonarchie hatte ebenfalls unter Karl V. eine Wiener orientalische Handelskompagnie im Jahr 1667 gegründet. Nach anfänglichen Schwierigkeiten konnte der Handelsverkehr über die Donau ins Osmanische Reich beginnen, der Erfolg blieb aber aus, die Handelsbilanz war nicht positiv. Die Tätigkeit der orientalischen Handelskompagnie blieb auf Wien konzentriert und konnte sich nicht auf das gesamtösterreichische Territorium ausbreiten (vgl. Hassinger 1942: 37). Auch wenn die Wiener orientalische Handelskompagnie nicht den großen Erfolg der Levantekompagnie von Frankreich hatte, konnte sie auf anderen Gebieten trotzdem viel erreichen. Außerdem verfügte sie über eigene Dolmetscher, wie z. B. Franz Georg Kolschitzky, bzw. wurde in manchen Verhandlungen von Hofdolmetschern am Wiener Kaiserhof unterstützt. So erwähnt Hassinger (1942): „Die Kompagnie stellte nun in ihrem langjährigen Dolmetsch Franz Georg Kolschitzky, der in Wien selbst mit Orientwaren gehandelt hatte, der belagerten Stadt jenen Boten, der ihr äußerst wertvolle Dienste leisten konnte.“ (1942: 52–53)

Die zweite orientalische Handelskompagnie, die 1719 gegründet wurde, konnte besser dazu beitragen, dass der Mittelmeerhandel intensiviert wurde. Von beiden Kompagnien gab es aber auch viele Kontakte mit den Habsburgern und dem Osmanischen Reich, nicht zuletzt während der Friedensverhandlungen vor dem Friedensschluss von Passarowitz (vgl. Knoll 1999: 12).

Die Expansion des Osmanischen Reiches bis nach Ungarn hatte also eine große Bedeutung für Europa und öffnete die Tür zu immer mehr kulturellen, wirtschaftlichen und politischen Kontakten. Dadurch wuchs auch der Bedarf an Vermittlung.

> Am Beispiel der gemeinsam von einer Osmanischen und einer österreichischen Kommission vorgenommenen Grenzziehung nach dem Frieden von Karlowitz 1699 kann Antal András Deák verdeutlichen, daß mit Hilfe der großangelegten Kartenwerke bzw. mit den im Zuge der Kartierung entstandenen Begleittexten nicht nur Informationen militärischer und politischer Natur vermittelt wurden, sondern auch detaillierte und empirisch fundierte Nachrichten aus Geschichte, Geographie oder etwa Volkskunde von der Peripherie ins Zentrum der Habsburgermonarchie transportiert und so einer größeren Öffentlichkeit vorgestellt wurden. (Kurz *et al.* 2005: 13)

Der oben beschriebene historische Kontext der Beziehungen zwischen den europäischen Mächten untereinander und dem Osmanischen Reich zeigt, in welchem Rahmen sich die diplomatischen Beziehungen im 16. bzw. 17. Jahrhundert entwickelten.

Die militärische Expansion des Osmanischen Reichs, die Reformation und Schwächung der katholischen Kirche in Europa sowie der Kampf um die Weltmacht und Vorherrschaft in Europa zwischen den Habsburgern und Frankreich führten dazu, dass neue Formen der zwischenstaatlichen Beziehungen entstanden.

> Wesentlich getragen wurde diese Herstellung einer balance of power nicht nur von offiziellen Diplomaten, sondern auch von geheimen Agenten, so daß die habsburgisch-osmanischen diplomatischen Kontakte während des 16. Jahrhunderts, [...] eine wichtige Rolle bei der Herausbildung der modernen Diplomatie und Geheimdiplomatie spielten. (Kurz *et al.* 2005: 16)

Die Entwicklung der modernen Diplomatie verlangte immer mehr Übersetzungen und Dolmetscher. Dies zeigt sich am Beispiel Venedigs, das als Geburtsstätte der modernen Diplomatie betrachtet wird.

Die ständigen Gesandtschaften stammen aus den italienischen Staaten, vorzüglich aus Venedig, wo sich die neue Praxis im fünfzehnten Jahrhundert vollständig entwickelt hat. Gegen Ende des sechzehnten Jahrhunderts ist dann die moderne Form des diplomatischen Verkehrs zu den nördlichen Reichen vorgedrungen, in denen sie im siebzehnten Jahrhundert allgemein üblich wurde. Die Institution, mit der eine bewusste Neuerung vorgenommen wurde, ist im Príncipe niemals wieder aufgegeben worden, hat also von Anfang an eine organische Fortentwicklung gehabt. (Krauske 1885: 147)

Im nächsten Kapitel wird im Detail auf die Dolmetscher und deren Ausbildung eingegangen. Im Osmanischen Reich wurden sie Dragomane genannt. Dieser Begriff wird ebenfalls im nächsten Kapitel genauer erläutert.

2. Hintergründe der Ausbildung von europäischen Dragomanen

2.1. Konstantinopel als Schauplatz europäischer Machtkämpfe

All diese vorher erwähnten Konfliktpunkte standen in Verbindung miteinander und Konstantinopel wurde zum Schauplatz der Machtkämpfe in Europa. Die Beziehungen und der Kontakt zum Osmanischen Reich waren auch identitätsstiftend für die europäischen Mächte, die zum ersten Mal zu politischen Veränderungen aufgrund von sprachlichen und kulturellen Unterschieden gezwungen wurden. Das diplomatische Instrumentarium (Gesandtschaften, Diplomaten etc.) entwickelte sich in den Beziehungen zu dem Osmanischen Reich. Konstantinopel spielte eine immer wesentlichere Rolle im Machtkampf um die Vorherrschaft in Europa (vgl. Kurz *et al.* 2005: 12).

Konstantinopel war aber nicht nur Schauplatz europäischer Machtkämpfe; der Sultan nutzte die Konflikte auch für sich und griff manchmal sogar zu seinen Gunsten ein. Dies zeigte sich am besten durch das Beispiel der ersten ständigen Vertretung der Republik der Vereinten Niederlande 1612 an der Hohen Pforte.

> Konstantinopel war nicht bloßer Schauplatz christlich-europäischer Konkurrenzkämpfe, sondern der Sultan bzw. das Osmanische Reich sind als einer unter anderen Akteuren innerhalb des Mächtespiels zu verstehen und wurden vor allem von den Zeitgenossen als solcher gesehen. (Gräf 2005: 46)

Anfang des 17. Jahrhunderts waren die Kriege zwischen Spanien, Frankreich und England beendet. Der Aufstand gegen die spanischen Habsburger in den niederländischen Provinzen wurde mit einem Waffenstillstand beendet. Die neue Republik der Vereinten Niederlande musste sich auf internationaler Ebene einen Platz schaffen. So wurde die Errichtung einer ständigen Vertretung in Konstantinopel beschlossen. Nach einigen Verhandlungen mit dem Osmanischen Reich wurde ein Gesandter ausgewählt und nach Konstantinopel geschickt, wo er mit großem Widerstand der anderen europäischen Mächte erwartet wurde.

> Als Haga im März 1612 in Konstantinopel eintraf, empfing ihn erwartungsgemäß eine geschlossene Front der Gesandten aller bereits an der Pforte vertretenen Mächte. Vordergründig folgten sie durchgängig und geschlossen der Argumentation des kaiserlichen Gesandten Michael Starzer, der in der Mission Hagas nur den Versuch der Kalvinischen Bestia, also der niederländischen Republik, sehen konnte, sich mit dem Sultan gegen die abendländische Christenheit zu behaupten. (Gräf 2005: 46)

Hinzu kam die religiöse Komponente. Damit wurde klar, dass die auf europäischem Boden stattfindenden Konflikte ins Osmanische Reich getragen wurden und einen Einfluss auf die Diplomatie hatten.

Seit der Eroberung Konstantinopels und dem Ende des byzantinischen Reichs gab es einen Konflikt zwischen den orthodoxen Christen und der katholischen Kirche. Die Orthodoxen waren durch ihre jahrelange Anwesenheit im Orient die Beschützer der christlichen Heiligen Stätte gewesen. Aber durch die ersten Kapitulationen zwischen Frankreich und dem Osmanischen Reich wurde auf einmal ein katholischer König Beschützer dieser Heiligen Stätte. Dieser Konflikt wurde auch unter den Dragomanen aus Phanar (orthodoxe Griechen oder Levantiner) und aus Pera (katholische Italiener oder Levantiner) ausgetragen. Als die Vereinten Niederlande ihren ersten Gesandten an die Hohe Pforte schickten, nahm dieser sofort Verbindung mit dem ökumenischen Patriarch der orthodoxen Christen im Osmanischen Reich auf, der auch daran arbeitete, den Einfluss der katholischen Kirche in Süd-Osteuropa zurück zu drängen.

> Sofort nach Hagas Ankunft in Konstantinopel traten die beiden wieder in engen Kontakt. Die Wahl von Lukaris zum Patriarchen wurde von Haga gegenüber dem Sultan wohl auch stark gefördert und fand schließlich sogar im Quartier der niederländischen Gesandtschaft statt. Haga wurde eine Art politischer Berater der Pariarchen, während Lukaris Berichte über innen- und außenpolitische Angelegenheiten des Osmanischen Reichs an Haga sandte. Lukaris unterhielt bereits als Patriarch in Alexandria eine rege Korrespondenz mit zahlreichen protestantischen Theologen und machte sich zunehmend calvinische Lehren zu eigen. Intern versuchte er in diesem reformiert-protestantischen Sinne, die orthodoxe Kirche von katholischen Glaubensinhalten zu reinigen. Außenpolitisch verfolgt er darüber hinaus einen breit angelegten Plan zur Zurückdrängung des römischen Katholizismus in Ost- und Südosteuropa, hintertreib die Union der Ukrainer mit Rom, auch und besonders mit Hilfe des Sultans. (Gräf 2005: 48–49)

Die später gegründeten Sprachknaben-Institute Frankreichs und der Habsburgermonarchie wurden von Kapuzinern bzw. Jesuiten geführt. Beide Orden waren im Zuge der Gegenreformation gegründet bzw. gestärkt worden. Im Gegensatz dazu waren die ersten Sprachknaben-Institute der Republik Venedig und Polens weltlich.

Die Tatsache, dass die Ausbildung der Dragomane katholischen Orden anvertraut wurde, zeigt auch hier den Versuch der katholischen Kirche Macht zu erlangen.

Seit dem Konzil von Florenz hatte der Vatikan das Ziel, die christlichen Kirchen im Orient mit der Kirche in Rom zu vereinigen. Dies sollte aber jenseits der Politik und ohne Provokation erfolgen, um die Christen im Orient nicht zu gefährden. Die christlichen Gruppen im Orient waren die Griechen, die Armenier, die Syrer, die Kopten und die Maroniten. Die Missionare versuchten, diese Christen für sich zu gewinnen, indem sie ein Netzwerk von Schulen und Priesterseminaren errichteten. 1627 wurde von Papst Urban VIII. das Pontificum Collegium Urbano de Propaganda Fide gegründet, wo die zukünftigen Missionare ausgebildet wurden.

Frankreich hatte schon damals privilegierte Beziehungen mit dem Osmanischen Reich und so kam es, dass die Jesuiten und Kapuziner mithilfe Frankreichs ihre Missionierungspläne weiterentwickeln konnten. Als Gegenleistung konnte sich Frankreich auf das Netzwerk und das Wissen verlassen, über das die Jesuiten und Kapuziner verfügten (vgl. Ter Minassian 1995: 216).

Das Osmanische Reich nutzte auch die Konflikte zwischen den europäischen Mächten zu seinen Gunsten und unterstützte mal das eine, mal das andere Land. Die Dragomane waren Schlüsselakteure der Verhandlungen an der Hohen Pforte. Von ihnen wurde Loyalität und Treue verlangt, sie wurden auch gemäß dieser Prinzipien ausgebildet. Hier sieht man, dass Religion ein wichtiger realpolitischer Faktor für die Gründung der Sprachknaben-Institute war.

2.2. Aufbau der modernen Diplomatie

Die moderne Diplomatie entstand in Italien bzw. in Venedig am Ende des 16. Jahrhunderts. Im Mittelalter hatte die Diplomatie einen religiösen Charakter und ihr Ziel war die Einigung des christlichen Europas, um die heiligen Stätten im Orient zurückzuerobern.

Diese Idee galt Anfang des 17. Jahrhunderts nicht mehr. Es ging viel mehr darum, das Gleichgewicht zwischen den verschiedenen europäischen Mächten aufrechtzuerhalten.

Die Italiener hatten dies schon in Italien angewendet, als sie viel früher mit verschiedenen Kleinstaaten konfrontiert waren, für die es günstiger war, eine dauerhafte aktive Diplomatie zu führen als Krieg. Venedig gründete als Erstes die dafür notwendigen Institutionen (vgl. Picavet 1930: 1). Diese Wandlung wurde durch die Entstehung ständiger Vertretungen statt Sondergesandten symbolisiert (vgl. Picavet 1930: 4). Diese Entwicklung fand in ganz Europa statt. Nicht nur die ständigen Vertretungen waren ein Zeichen dieser Entwicklung, sondern auch die Zentralisierung der Ämter bzw. die Gründung neuer Verwaltungsstrukturen.

Die Tatsache, dass es immer mehr ständige Vertretungen an fremden Höfen gab, konnte als Indiz gesehen werden, dass die Diplomatie immer wichtiger wurde. Auch wenn größtenteils ständige Vertretungen nur bei Ländern angesiedelt waren, mit denen es Probleme gab, entstanden auch langsam ständige Vertretungen in Ländern, mit denen es keine politischen Konflikte gab.

> Der neue Typus des ständigen Diplomaten, in dem sich der werdende Staat der Neuzeit das Instrument schuf, das ihn in ständigem Kontakt mit Gegnern und Freunden hält und das ihm gestattete, deren Aktivitäten kontinuierlich zu überwachen, breitete sich im Laufe der nächsten zwei Jahrhunderte vor allem in Westeuropa aus. (Müller 1976: 61)

Dafür wurden zu Beginn des 16. Jahrhunderts Vertreter, meist aus der adeligen Oberschicht, für längere Aufenthalte an fremde Höfe geschickt. Ebenso waren auch Handelsvertreter und Kaufleute maßgeblich an der Entstehung des Konsularwesens beteiligt (vgl. Pfusterschmid-Hardtenstein 2008a: 9).

Im Laufe des 17. und 18. Jahrhunderts verfestigten sich die Strukturen der verschiedenen Staaten in Europa, deren Macht immer mehr zentralisiert wurde. Diese neue Verwaltung erforderte Berufsbeamte, die sich darum kümmerten.

Die Habsburgermonarchie gründete infolge der Entwicklung der modernen Diplomatie neue Gremien wie der Geheime Rat, der Hofrat, die Hofkammer und die Hofkanzlei. 1556 bzw. 1564 wurde in der Habsburgermonarchie der Hofkriegsrat gegründet, der unter anderem für die Verteidigung der Landesgrenzen und die Außenpolitik zuständig war, sowie an der Ernennung von Gesandten beteiligt war (vgl. Müller 2005: 260).

Ein Geheimrat bestand aus Beratern, die zwar keine Entscheidung treffen konnten, aber großen Einfluss auf die Politik hatten. Bis 1670 blieb der Geheimrat das Organ, durch das die Berichte und die Weisungen an den Gesandten übertragen wurden. Der Rat wurde immer größer, 1637 gab es sogar schon 14 Mitglieder. Die Geheimhaltung war somit nicht mehr gegeben (vgl. Müller 1976: 22).

Es wurde zwischen Innen- und Außenpolitik unterschieden und unter der Leitung des Staatskanzlers Wenzel Fürst Kaunitz wurde die Staatskanzlei (Auswärtiger Dienst) gegründet, die immer mehr an Prestige gewann.

> Die Entwicklung der Diplomatie, in einem denkbar umfassenden Sinne als ‚nichtkriegerische Interaktion von Gemeinwesen‘ verstanden, verlief in Europa Hand in Hand mit derjenigen des frühmodernen Staates und war eine Folge der Tatsache, dass die Pluralität rivalisierender Gemeinwesen nicht durch eine universale Imperiumsbildung abgelöst wurde, sondern sich als Dauerzustand etablierte. (Strohmeyer 2005: 151)

Die Entwicklung des frühmodernen Staates in Europa hatte die Entwicklung der Diplomatie zur Folge. Die Idee eines universalen Imperiums löste sich langsam auf und die jeweiligen Grenzen und Einflussgebiete der verschiedenen Staaten stabilisierten sich.

Die Zentralisierung der Macht an den damaligen verschiedenen europäischen Höfen trug maßgeblich zur Entstehung neuer Strukturen bei, die bis heute Gültigkeit haben. Die europäischen Mächte, insbesondere Frankreich und die Habsburger, suchten im Laufe der Zeit andere – diplomatische – Wege, um ihre Konflikte zu lösen.

Das Ziel der ersten diplomatischen Versuche war es, über die eigenen Grenzen hinaus Wirksamkeit zu erlangen.

> Der diplomatische Dienst ist im Umkreis der Herrschenden mit dem Ziel entstanden, über die eigene Grenzen hinaus politisch und wirtschaftlich wirksam zu werden. Diese stellten in Europa eine durch Heiraten und Erbverträge verflochtene Oberschicht dar, die aus dem sie umgebenden Adel geeignete Vertreter für ihre Anliegen mit besonderen Missionen und etwa ab 1500 auch mit längeren Aufenthalten an fremden Höfen betraute. [...] Ähnlich waren es Kaufleute, die als Angehörige von Zünften oder Repräsentanten von Republiken, wie Venedig oder den Niederlanden sowie von Städtebünden wie der Hanse, das Konsularwesen entstehen ließen, um gegenüber den Behörden der Länder, in denen sie Handel trieben, zu ihren Rechten zu kommen. (Knoll 1999: 4)

Besonders zwischen den europäischen Mächten und dem Osmanischen Reich waren diplomatische Beziehungen notwendig geworden.

Die Beziehungen zwischen den christlichen Mächten und dem Osmanischen Reich waren von machtpolitischen Ordnungskonzepten geprägt, man kann sogar von säkularen Friedensordnungen sprechen (vgl. Gräf 2005: 45). Deshalb war hier besonders wichtig, eine Berufsdiplomatie hoher Qualität zu entwickeln.

> Dolmetscher gehörten normalerweise nicht zum Gefolge der kaiserlichen Diplomaten, da die Gesandten oder zumindest die Sekretäre im allgemeinen über die nötigen Sprachkenntnisse verfügten. [...] In der Türkei waren solche Kräfte unerläßlich. Da sie neben den sprachlichen Funktionen auch politische Aufgaben übernahmen, konnte selbst ein sprachkundiger Diplomat auf ihre Dienste nicht verzichten. Sie verhandelten in seinem Auftrag an der Pforte, unterstützten ihn bei der Nachrichtenbeschaffung und versahen, da die Residenten in Konstantinopel im allgemeinen keine Legationssekretäre besaßen, auch die Pflichten dieses Amtes. (K. Müller 1976: 106)

In den ständigen Vertretungen anderer europäischer Länder wurden die Gesandten oder die Residenten[2] aufgrund ihres Ranges und Status ausgewählt. Bei den Gesandten nach Konstantinopel wurde aber auch bei deren Personal auf Sprachkenntnisse und fachmännische Fähigkeiten geachtet.

Dafür wurden ständige Gesandtschaften und Nuntiaturen in Konstantinopel errichtet. Im Zuge dessen wurde es wichtig, Diplomaten bzw. Gesandte auszubilden, da sich die Aufgaben geändert hatten. Es handelte sich nicht mehr um punktuelle Gesandtschaften sondern um ständige Residenten. Anfangs fungierten ständige und nicht-ständige Gesandte nebeneinander und die Ernennung erfolgte nach unterschiedlichen Kriterien.

> Der Einrichtung permanenter Botschaften stand auch die zeitgenössische Vorstellung entgegen, dass der neu ankommende Gesandte immer im zuletzt verbindlichen Sinne durch seinen Auftraggeber instruiert war, weshalb nichtständige Diplomaten noch lange vor residierenden Botschaftern rangierten[100]. [...] Noch unter Maximilian I. war grundsätzlich jeder für diplomatische Missionen einsetzbar [...] und erlernt wurde die Berufung auch im 16. Jahrhundert noch, indem künftige Diplomaten einer Gesandtschaft als Jungen oder Sekretäre beigegeben wurden, oder aber autodidaktisch durch Übertragung immer anspruchsvollerer Aufgaben. (Müller 2005: 271)

Zu dieser Zeit gab es auch verschiedene diplomatische Titel sowie Bezeichnungen für die Dolmetscher. Diese Bezeichnungen waren auch unterschiedlich in den verschiedenen Ländern.

Der Titel „Bailo" bezeichnete nur die Vertreter ersten Ranges der Republik Venedig. In der Habsburgermonarchie gab es einen Residenten, einen ständigen Vertreter der Habsburgermonarchie, er war Diplomat ersten Ranges. Es gab auch einen Internuntius, der für die Sprachknaben zuständig war und beim Residenten untergebracht wurde. Internuntius war der Titel des österreichischen Gesandten in der ständigen Vertretung der Habsburger in Konstantinopel und bezeichnete einen Diplomaten zweiten Ranges.

---

2 Ein Resident war ein ständiger Vertreter an einer Botschaft.

> Der Titel wurde schon seit dem Mittelalter für die Gesandten von Laienfürsten angewendet, ohne dass er aber je nur annähernd so beliebt und häufig gebraucht wurde, wie beispielsweise ambasciator und orator. [...] Allmählich verengerte er seine Bedeutung immer mehr, bis er seit dem 17. Jahrhundert Terminus technicus für österreichische Gesandte an der hohen Pforte wurde. (Krauske 1885: 187)

Die Bezeichnung des Großbotschafters bezeichnete Gesandte, die mit bestimmten – zeitlich abgegrenzten – Aufträgen ins Osmanische Reich geschickt wurden. Meistens waren sie mit der Übergabe von Ehrengeschenken beauftragt.

Die Dolmetscher hatten auch verschiedene Bezeichnungen. Es gab den Hofdolmetscher; er war am Wiener Kaiserhof tätig und dem Hofkriegsrat unterstellt. Manchmal wurde der Hofdolmetscher nach Konstantinopel zu Verhandlungen geschickt, aber meistens blieb er in Wien.

Am Sultanhof gab es den Pfortendolmetscher. Im Gegensatz zum Hofdolmetscher in Wien war er mit mehr Befugnissen ausgestattet und war politisch mächtiger.

2.3. Die orientalischen Dragomane im Osmanischen Reich

Das Osmanische Reich bestand aus einer Vielfalt von Untertanengruppen mit verschiedenen Kulturen, Religionen und Sprachen. Neben der Amtssprache, Osmanisch, wurden auch die eigenen Sprachen der verschiedenen Gruppen verwendet. Allerdings war es auch unerlässlich, die Osmanische Sprache (eine Mischung aus Arabisch, Persisch und Türkisch) zu beherrschen, dafür waren Dolmetscher notwendig, die in der Levante Dragomane genannt wurden.

Dragoman bezeichnete sowohl die Dolmetscher am Sultanhof (die Pfortendolmetscher) als auch die Dolmetscher der europäischen Mächte. Die Pfortendolmetscher und die Dolmetscher der europäischen Mächte unterschieden sich in ihrem Kostüm. Während die Pfortendolmetscher sehr schlicht gekleidet waren, trugen die Dolmetscher der europäischen Mächte auffällige Kleider, meistens einen roten Mantel und gelbe Schuhe (vgl. Boppe-Vigne 1995: 267).

Alexander H. de Groot (2005) liefert eine genaue Erklärung des Begriffs Dragoman: „Die Etymologie stammt aus dem Arabischen und steht für Dolmetscher, daher italienisch Dragomanno, französisch Truchement oder Drogman, und türkisch/persisch Tercüman." (2005: 474)

Sie waren nicht nur als Dolmetscher und Übersetzer tätig, sondern übernahmen auch Aufgaben in anderen Bereichen. Sie arbeiteten an der Hohen Pforte in Konstantinopel und in den verschiedenen Häfen und Standorten des Handels in der Levante.

> Ein Dragoman war aber nicht nur ein Übersetzer und Dolmetscher, sondern auch ein juristisch und kulturell Sachkundiger im sozio-ökonomischen Verkehr im Inland sowie ein unentbehrlicher Vermittler im Bereich der diplomatischen Beziehungen der Hohen Pforte mit den westeuropäischen Botschaften in Istanbul. (Groot 2005: 474)

Die Dragomane gehörten zu den „Levantinern", jenen osmanischen Untertanen, die römisch-katholischen, orthodoxen oder jüdischen Glaubens waren.

Der Ausdruck „Levantiner" bezeichnete Bevölkerungsgruppen im östlichen Mittelmeer. Im Osmanischen Reich und besonders in Konstantinopel bezeichnete er auch die Angehörigen der nicht-muslimischen Minderheiten. Die Griechen und Armenier wohnten im Stadtteil Phanar, wo der Patriarch seinen Amtssitz hatte, und wurden deshalb als Phanarioten bezeichnet.

> Die europäischstämmigen wohnten im Stadtviertel von Pera, ein selbstverwalteter Stadtteil, der unter dem Schutz des Sultans stand. Die Levantiner Istanbuls wohnten in Galata, der ehemaligen genuesischen Kolonie, und in Pera dem anschließenden, hügelaufwärts gelegenen Stadtviertel. Sie bildeten eine selbstverwaltete Korporation, die Magnifica Communità di Pera, die sich 1453 nach der Eroberung Konstantinopels bedingungslos dem Sultan ergeben hatte. Sultan Mehmed II. der Eroberer verlieh der genuesischen Gemeinschaft einen beschränkt autonomen Status mittels einer sogenannten Kapitulation [...]. (Groot 2005: 476)

Die Phanarioten aus dem Stadtviertel Phanar waren meistens an der Hohen Pforte tätig, während die Lateiner aus dem Stadtviertel Pera bei den ausländischen Vertretungen als Dragomane arbeiteten. Als Lateiner wurden Christen aus Venedig oder Genua bezeichnet.

Als angestellte Dolmetscher genossen sie den diplomatischen Schutz ihrer Vorgesetzten. Der Sultan gewährte den Dragomanen Vorteile auf gesetzlicher und steuerlicher Ebene.

Sie verfügten, dank Kapitulationen, seit Mehmet II. über gewisse Privilegien, waren aber trotzdem Untertanen des Sultans. Diese Positionen als Dragomane waren sehr begehrt, weil sie den Familien einen guten sozialen Status verliehen und Schutz boten; außerdem konnten die damit verbundenen Privilegien vererbt werden. Die Funktion als Dragoman brachte aber auch große Gefahr mit sich, oft wurden die Dragomane Opfer der Unzufriedenheit der Osmanen (vgl. Gauthier, Testa 2003: 13, Mantran 1995: 105). Auf der anderen Seite handelten die Dragomane nicht immer zuverlässig und loyal, sie konnten durchaus ein doppeltes Spiel spielen (vgl. Gauthier, Testa 2003: 19).

So war es im Fall von Michel Cernovic, der ab Mitte des 16. Jahrhunderts für die Hasburgermonarchie arbeitete. Er war in Konstantinopel aufgewachsen und hatte dort seine kulturellen und sprachlichen Kenntnisse erworben. Er konnte das Vertrauen des Bailo aus Venedig gewinnen und wurde ab 1558 Dragoman der venezianischen Botschaft. Währenddessen hörte er aber nie auf, an den Wiener Hof zu berichten. Als 1563 der Verrat von Venedig entdeckt wurde, musste er aus Konstantinopel fliehen, um nicht ermordet zu werden (vgl. Bély 1991: 48).

Neben diesen Dragomanen hatten die europäischen Mächte, Venedig, Frankreich, Polen, die Habsburgermonarchie, ab dem 14. bzw. 17. Jahrhundert angefangen, ihre eigenen Dolmetscher auszubilden. Die Republik Venedig gründete schon im 14. Jahrhundert die erste Ausbildungsstätte für angehende Dolmetscher. Das Institut war aber nicht durchgehend vom 14. bis 17. Jahrhundert in Konstantinopel angesiedelt, außerdem brachten die Kriege zwischen Venedig und dem Osmanischen Reich immer wieder Unterbrechungen mit sich. Erst ab Mitte des 17. Jahrhundert ahmten Polen, Frankreich und die Habsburgermonarchie dieses Modell nach.

Diese Institute und die dadurch ausgebildeten Dragomane führten zur Vermischung von beiden Gruppen von Dragomanen und schließlich zum Machtverlust für die Levantiner.

> Die Entfremdung, Verwestlichung und schließlich Aussiedelung der elitären Levantiner Dragomandynastien wurde also beschleunigt. Als Resultat verloren die alten Dragomane ihre interkulturelle Vermittlerrolle, ihren intermediären Status zwischen dem islamischen Osmanenreich und dem Westen zur Gänze. (Groot 2005: 487)

2.4. Politische Ursachen

Sprachen wurden zwischen verschiedenen Ländern erst wichtig, wenn diese Länder füreinander von wirtschaftlichem oder politischem Interesse waren. Die Nutzung der einen oder anderen Sprache hatte auch mit dem Machtverhältnis zu tun, in welchem sich beide Länder zueinander befanden. Deshalb war Anfang des 16. Jahrhunderts im Mittelmeerraum Italienisch eine sehr wichtige Sprache, dank der Bedeutung von Venedig und Genua. Französisch blieb eine diplomatische Sprache und Latein war die Sprache der Wissenschaft.

Im Osmanischen Reich und insbesondere in den Verhandlungen mit dem Sultan wurde nicht Latein, das damals die Lingua Franca war, sondern nur in Osmanischer Sprache gesprochen (vgl. Séraphin-Vincent 1995: 142).

Es wurde sehr schnell erkannt, dass eine effiziente Kommunikation zwischen Venedig und dem Osmanischen Reich notwendig war, vor allem auf einer praktischen, politischen und wirtschaftlichen Ebene, da die Beziehungen zwischen beiden Mächten zu dieser Zeit von großer Bedeutung waren (vgl. Fossati Casa 1995: 110).

In Frankreich wurden auch aufgrund dieser Situation Dolmetscher benötigt, die über Kenntnisse der orientalischen Sprachen verfügten. Die sogenannten Dragomane erschienen bereits 1536 in offiziellen Funktionen in den Verhandlungen zwischen Frankreich und dem Osmanischen Reich (vgl. Caspar 1995: 19).

Für die Habsburger war die Kommunikation ebenfalls notwendig, da das Osmanische Reich an das Heilige Römische Reich angrenzte. Es wurden Ende des 16. Jahrhunderts und Anfang des 17. Jahrhunderts Friedensverträge zwischen beiden Mächten abgeschlossen. Während der Verhandlungen machten sich erste Kommunikationsschwierigkeiten bemerkbar.

> Obwohl die Verhandlung letztlich ein gutes Ergebnis brachte, hatten sich bei den Gesprächen mehrere ernste Probleme gestellt. Diese waren von meistens technischem Charakter, die anfangs als sekundär abgetan wurden, sich dann aber doch als von grundlegender Bedeutung erwiesen. Man kannte die jeweils andere Mentalität, Verhandlungsgewohnheiten und politischen Normen kaum. [...] Zudem kam, dass es am Kaiserhof nur wenige gute Dolmetscher gab und die sprachliche Kompetenz und Zuverlässigkeit der vorhandenen nicht immer gegeben war. (Hiller 2011: 50)

Dolmetscher und Übersetzer spielten eine sehr wichtige Rolle in den Beziehungen zwischen den Habsburgern und dem Osmanischen Reich. Auch wenn Latein, Italienisch oder Französisch in den Verhandlungen mit dem Osmanischen Reich nicht verwendet werden konnten, gab es für die habsburgischen Gesandten die Möglichkeit, sich einer slawischen Sprache zu bedienen.

> Doch konnten sich die habsburgischen Gesandten, vor allem wenn sie aus den südöstlichen Erblanden stammten, mit den Wesiren zumeist in einer slawischen Sprache unterhalten. Denn die wichtigsten Beamten des Osmanischen Reichs, somit auch die Wesire, stammten vom Balkan. (Petritsch 1987: 70)

Dennoch wurde es für die Habsburgermonarchie immer notwendiger, direkt mit dem Osmanischen Reich kommunizieren zu können, deshalb wurde beschlossen, Dolmetscher bzw. Sprachknaben auszubilden.

> Deshalb wurden zunächst seit Ende des 17. Jahrhunderts, ähnlich einer von Frankreich befolgten Vorgangsweise, Knaben vorwiegend mittleren Alters als „Sprachknaben" oder „jeunes de langues" an die Internuntiatur/Botschaft bei der Hohen Pforte in Konstantinopel entsandt. (Pfusterschmid-Hardtenstein 2008a: 9)

Am Wiener Hof gab es seit der Mitte des 16. Jahrhunderts Dolmetscher für verschiedene Sprachen, darunter Türkisch/Orientalisch (vgl. Reiter 2013: 198). Ende des 17. Jahrhunderts wurde das Amt des Hofdolmetschers gegründet.

> Durch die Möglichkeit der Borderline cases kann das Bild der Hofdolmetscher differenzierter nachgezeichnet werden. Dieser Gruppe werden im Folgenden jene Personen zugerechnet, die in Gesandtschaftsberichten als Dolmetscher genannt werden. Obwohl fraglich ist, ob sie offiziell als Hofdolmetscher angesehen wurden, führten sie für Hofdolmetscher übliche Arbeiten aus und wurden ähnlich wie Hofdolmetscher bezahlt. (Reiter 2013: 203)

Vor der Einsetzung Franz von Mesgnien-Meninski als Hofdolmetscher gab es verschiedene Bezeichnungen für die Dolmetscher der orientalischen Sprachen, deshalb ist es schwierig festzustellen, ab wann es Dolmetscher für die Osmanische Sprache am Wiener Hof gab. Es kann aber hier der erste türkische „Tulmatsch", Johann Gaudier, erwähnt werden, der schon 1541 am Wiener Hof tätig war. Er erscheint in den Verzeichnissen des Hofstaats auch unter dem Namen „Hans Spiegel" (vgl. Petritsch 1987: 70).

Um 1550 wurden zwei weitere Dolmetscher eingestellt, Callimaco de Casentia und Lukas Drachschütz oder Träckschitz. Ein weiterer Dolmetscher, namens Siegmund Gentsch, kam später dazu. Es ist über das Leben dieser Dolmetscher wenig bekannt, sie schienen nur am Habsburger Hof zu arbeiten (vgl. Petritsch 1987: 25–26).

Vor dem 17. Jahrhundert ist es unklar, wo die Dolmetscher ihre Sprachkenntnisse erworben hatten. Es ist allerdings bekannt, dass manche Kriegsgefangene waren und so Türkisch lernten. In der Wiener Turkologie erklärt Ernst Dieter Petritsch (1987): „Über einige türkische Dolmetscher des 16. Jahrhunderts ist bekannt, dass sie die Sprache in mehrjähriger Kriegsgefangenschaft erlernt hatten und nach ihrer Freilassung als Dolmetscher von den Habsburgern eingesetzt wurden" (1987: 25).

Andere erwarben ihre Kenntnisse als Jugendliche im Sultanspalast. Es herrschte nämlich im Osmanischen Reich die sogenannte „Knabenlese", wonach Knaben den Eltern weggenommen wurden, islamisiert wurden und eine umfangreiche Ausbildung genossen. In den Palastschulen wurden sie unter anderem in Sprachen, Literatur, Theologie und Recht unterrichtet. Andere, die nicht in den Palastschulen ausgebildet wurden, dienten drei bis sieben Jahre bei türkischen Bauern- und Soldatenfamilien an der Front und lernten dabei die türkische Kultur und Sprache. Sie konnten nach ihrer Ausbildung Posten höchsten Ranges z. B. als Provinzgouverneure oder als Wesire bekleiden oder Teil der Elitetruppe der Janitscharen werden. So kam es, dass viele Pfortendolmetscher europäischer Herkunft waren.

> Im Österreichischen Staatsarchiv ist ‚nur' eine amtliche Übersetzung, diese aber in deutscher Sprache, überliefert: Ausdrucksweise und Diktion lassen eindeutig erkennen, dass die Muttersprache des Pfortendolmetschers deutsch gewesen sein muss. Tatsächlich handelt es sich um einen geborenen Wiener, den Sohn eines Kaufmanns, der auf den christlichen Namen Sebaldus getauft war, als Muslim jedoch Mahmud genannt wurde. (Petritsch 1987: 70)

Die Habsburgermonarchie hatte seit 1547 einen ständigen Residenten in Konstantinopel und benötigte deshalb dort auch Dolmetscher, die vor Ort engagiert wurden. Als erster wurde Jakob Bondorius in Betracht gezogen, er war aber schon für Frankreich tätig und deshalb entschied man sich für Antonio Zin als älteren und Domenico Zeffy als jüngeren Dolmetscher. Es war damals üblich, zwei Dolmetscher verschiedenen Alters und verschiedener Erfahrungswerte einzustellen.

Es tauchte auch Matthias del Faro als älterer Dolmetscher auf, der 1587 vom Kaiser in den Adelsstand gehoben wurde, sowie ein gewisser Bartholomaeus Geogijevic, der sich mit der türkischen Sprache auseinandersetzte. Er soll die Sprache in Gefangenschaft gelernt haben (vgl. Petritsch 1987: 26).

Die gemeinsame Grenze zwischen der Habsburgermonarchie und dem Osmanischen Reich führte zur sprachlichen Annäherung. Die türkischen Studien in Österreich erwuchsen eben aus der geschichtlichen Gegebenheit jahrhundertelanger Nachbarschaft. Dies hatte zweifellos auch zur Folge, dass die österreichische Turkologie unter dem Eindruck eines gewissen ‚Feinbildes' stand (vgl. Petritsch 1987: 30).

> Die Vertreter der europäischen Mächte bei der Pforte, sowie deren Regierungen fühlten nur zu sehr die traurigen Konsequenzen der Verwendung jeder ihnen unentbehrlichen Miethlinge, von welchen zuverlässige Treue und Ergebenheit im Dienste weder erwartet noch verlangt werden konnte, und erkannten alsbald die dringende Nothwendigkeit, dieselben durch eigene Landeskinder zu ersetzen, welche aber für diese schwierige Aufgabe erst herangebildet werden mußten, und weder so leicht noch so schnell herangebildet werden konnten. (Barb 1876: 9)

Es waren also politische Motive, die zur Gründung der Sprachschulen seitens der europäischen Mächte in Konstantinopel führten. Sowohl für die Venezianer als auch für die Habsburger und Franzosen war es unerlässlich geworden, eigene Dolmetscher auszubilden. Sie wollten nicht mehr von den Dragomanen aus Pera oder Phanar abhängig sein.

2.5. Wirtschaftliche Gründe

Die politischen Beziehungen zwischen Frankreich und dem Osmanischen Reich verschlechterten sich ab dem Jahr 1660 dramatisch. Der Levantehandel war einer starken Konkurrenz aus England und den Niederlanden ausgesetzt und musste angekurbelt werden, was Jean-Baptiste Colbert und der französische König Ludwig XIV. versuchten.

1669 war insofern ein wichtiges Jahr, als Marseille ein Freihafen wurde und Osman Aga vom Sultan als Gesandter nach Paris geschickt wurde. Bei diesem Besuch handelte es sich, wie Eickhoff (1970) es beschreibt, „um die erste formelle Gesandtschaft des Großherrn an den Allerchristlichsten König." (1970: 308). Im gleichen Jahr beschloss Colbert, das Sprachknaben-Institut in Konstantinopel zu gründen und dort nur französische Staatsbürger auszubilden, um deren Loyalität gegenüber Frankreich zu sichern.

Colbert begründete seine Entscheidung, französische Dragomane auszubilden damit, dass es zahlreiche Beschwerden der Händler bezüglich der Übersetzungen gegeben hatte. Allerdings diente diese Begründung als Anlass, die Macht der Hauptstadt Paris gegenüber den Händlern aus Marseille zu stärken. Verschiedene Berichte dieser Zeit lobten aber die Dienste einzelner Dragomane, wie Fontaine und Fornetti. Dies zeigt sehr deutlich, dass die Entscheidung Colberts vom Machtkampf zwischen Paris und Marseille beinflusst war (vgl. Séraphin-Vincent 1995: 144).

Colbert verfolgte eine Politik der Zentralisierung der Macht und versuchte immer wieder den Einfluss der Händler aus Marseille zu schwächen. 1673 wurde dem französischen Königreich die Kapitulation wiedergewährt und der Levantehandel blühte wieder auf. Marseille konnte das Monopol beibehalten, wurde aber immer stärker von der Zentralmacht aus Paris kontrolliert.

2.6. Kulturelle und religiöse Überlegungen

Die katholische Kirche und später auch die Protestanten unternahmen sehr früh erste Schritte, um Orientalistik zu unterrichten, wie die Schule der Neophyten 1577 für die konvertierten Juden, die der Griechen und die der Maroniten 1584 es zeigten. Die Protestanten hatten auch ihre „Académie de Saumur" am Anfang des 17. Jahrhunderts gegründet. Dank dieser geistlichen Schulen konnten dann später die Sprachknabenschulen auf Bücher und pädagogisches Material zurückgreifen. Papst Paul V. forderte 1610, dass in jedem geistlichen Orden die Basis der griechischen und hebräischen Sprachen von fähigen und begabten Lehrern unterrichtet wird (vgl. Gauthier, Testa 2003: 44).

Diese Maßnahme war Teil der Missionierungsbewegung der katholischen Kirche bei den byzantinischen Christen Anfang des 17. Jahrhunderts, um die Verbreitung der protestantischen Reformation zu verhindern.

1624 wurde also von Papst Gregor eine Institution gegründet, um die Geistlichen in dieser Arbeit zu unterstützen. Im Zuge dessen wurde eine Mission in Konstantinopel gegründet, die von einem Mitarbeiter Kardinals Richelieus geleitet wurde (vgl. Gauthier, Testa 2003: 44).

Frankreich verstand sich als Schutzmacht aller sich im Orient befindlichen Christen. Es forderte die Rückgabe der heiligen Stätten in Palästina, die ihnen zugunsten der Orthodoxen weggenommen worden waren, an die Franziskaner und andere römisch-katholische Geistliche. Diese Frage der Heiligen Stätten ist ein zentraler Bestandteil der orientalischen Politik Frankreichs (vgl. Eickhoff 1970: 308). Dies zeigt sich auch in der Entscheidung, die Dolmetscher von den Jesuiten oder Kapuzinern ausbilden zu lassen. Das versteckte Ziel dieser Strategie war unter anderem, die katholische Missionierung voranzutreiben.

Die österreichischen Sprachknaben wurden ebenfalls von Geistlichen ausgebildet und waren beim Internuntius, dem österreichischen Gesandten in Konstantinopel, untergebracht (vgl. Joukova 2002: 25).

3. Sprachknaben-Institute in Konstantinopel

Die Bezeichnung „Sprachknaben“ stammt aus dem Türkischen „Dil Oğlanı“, das wortwörtlich „Sprachkinder“ bedeutet. Die italienischen und französischen Bezeichnungen „Giovani di Lingua“ und „Jeunes de Langues“ leiten sich aus dem Türkischen her und bedeuten allesamt „Sprachknaben“.

> Le nom d'*enfants de langue*, puis celui de *jeunes de langue*, qui s'impose peu à peu au XVIIIe siècle, sont la traduction du terme italien, lequel ne serait d'ailleurs que la traduction de l'expression turque *dil oğlanı*. (Hitzel 1995: 19)

Die Sprachknaben-Institute, die im 16. Jahrhundert im Fall Venedigs und im 17. Jahrhundert im Fall Polens, Österreichs und Frankreichs gegründet wurden, hatten sich zur Aufgabe gemacht, Knaben zu Dolmetschern auszubilden. Diese Kinder wurden Sprachknaben genannt und sehr früh nach Konstantinopel zur Ausbildung geschickt. Es wurden junge Menschen ausgewählt, weil damals schon bekannt war, dass Kinder leichter als Erwachsene eine neue Sprache lernen und sprechen können. Außerdem waren sie somit vom Kindesalter an ihren jeweiligen Herrschern treu ergeben.

Die Sprachknaben-Institute waren alle an der jeweiligen Botschaft untergebracht und teilten alle das gleiche Schicksal. Als Ausbildungsstätten wurden diese Institute bald als unzureichend befunden. Ab dem 18. Jahrhundert dienten sie nur noch als „Praktikums-Standorte“ für die Sprachknaben, die in Europa ausgebildet wurden.

Im Folgenden gebe ich einen Überblick über die verschiedenen Modelle der Sprachknaben-Institute, beginnend mit dem ältesten, dem venezianischen Modell, über das polnische und französische Modell hin zum Sprachknaben-Institut der Habsburger.

3.1. Scuola dei Giovani della Lingua – das venezianische Modell

Venedig gründete bereits im Jahr 1551 die „Scuola di Giovani della Lingua“ (Sprachknaben-Schule). Sie entstand nach einer Anfrage des Bailo Alvise Renier. Der Bailo war der Titel des venezianischen Gesandten in Konstantinopel.

Er war zugleich administratives Oberhaupt der venezianischen Handelskolonie sowie diplomatischer Vertreter Venedigs gegenüber dem Osmanischen Reich.

> Wir finden nun seit dem sechzehnten Jahrhunderte in Konstantinopel einen Bailo, welcher mit den oben umschriebenen Berufspflichten des Bajulats auch die Vertretung der diplomatischen Interessen Venedigs bei der hohen Pforte zu übernehmen hatte und von Anfang an zu den Gesandten der ersten Rangklasse gezählt wurde. (Krauske 1885: 45)

Im Februar desselben Jahres wurde ein Dekret durch den Senat Venedigs erlassen. Dieses Dekret hatte den Zweck, zwei junge Venezianer zu ernennen, die mindestens 20 Jahre alt waren und entweder Mitglied der Dogenkanzlei[3] oder venezianische Bürger waren, die in Konstantinopel die orientalischen Sprachen erlernen sollten (vgl. Lucchetta 1989: 2).

Die Ausbildung dauerte ca. fünf Jahre und wenn die Sprachknaben für befähigt genug gehalten wurden, sollten sie als Dolmetscher dem Bailo zugeteilt werden. Danach sollten zwei neue junge Männer aus Venedig entsendet werden.

Die ersten Venezianer kamen 1551 unter schwierigen Umständen nach Konstantinopel und ihre Situation war stark von den Beziehungen Venedigs mit dem Osmanischen Reich geprägt. So wurde während des Kriegs von Kandia zwischen Venedig und dem Osmanischen Reich um die Kolonie von Kreta der Bailo eingesperrt und der erste Dragoman umgebracht (vgl. Gauthier, Testa 2003: 116).

Die bekanntesten Sprachknaben waren Ludovico Marucini, Vincenzo degli Alessandri sowie Ludovico Fontana. 1564 wurde Ludovico Marucini dann von seinem Bruder Matteo Marucini ersetzt (vgl. Lucchetta 1989: 5).

1577 wurde von der Regierung der Republik Venedig die Möglichkeit in Erwägung gezogen, die Schule in Venedig anzusiedeln, aber ein paar Jahre spä-

---

3 Die Dogenkanzlei war für die Vorbereitung der Gesetzestexte und Archivierung der Akten zuständig. Der Großkanzler entstammte dem Bürgertum, er hatte eine beratende Funktion und begleitete manchmal die Diplomaten ins Ausland.

ter bestand der Bailo erneut darauf, die Schüler nach Konstantinopel zu schicken. Allerdings herrschte unter den Venezianern wenig Interesse, ihre Söhne nach Konstantinopel zu schicken, und es mussten Schüler unter den Söhnen türkischer Dragomane griechischer oder italienischer Herkunft aus den Kolonien im adriatischen Meer oder im Mittelmeer oder aus der Gemeinschaft von Pera rekrutiert werden. Die Ergebnisse entsprachen allerdings nicht den Erwartungen.

Ab 1625 wurde intensiv darüber diskutiert, die Schule in Konstantinopel zu re-etablieren oder in Venedig zu belassen. Der Senat war eher für eine Schule in Venedig, der Bailo eher für eine in Konstantinopel. Es wurde daraufhin ein Kompromiss gefunden, indem die Ausbildung in Venedig begonnen und in Konstantinopel fortgesetzt wurde (vgl. Luchhetta 1989: 12).

1641 wurde vorgeschlagen, eine wirtschaftliche Ausbildung zusätzlich zu der Sprachausbildung anzubieten, um den Anforderungen der Rolle als Dragoman besser zu entsprechen. In den nächsten Jahren kamen allerdings Schwierigkeiten aufgrund der Herkunft der Schüler und ihrer mangelnden Sprachkenntnisse zum Vorschein.

Die „Giovani di Lingua" waren mit einem niedrigen aber regelmäßigen Gehalt vom Staat angestellt und ausgebildet. Der Bailo leitete die Schule. Diese Schule war staatlich und es wurde sehr wenig in Richtung religiöser Missionierung getan. Die Sprachknaben verbrachten ihre Lehrjahre im Haus des Bailo, wo sie unter Aufsicht der älteren Dragomane unterrichtet wurden. Der Bailo berichtete jede Woche an Venedig über die Fortschritte der angehenden Dragomane (vgl. Rothman 2009: 778). Später wurde der Schwerpunkt der Ausbildung auf Übersetzung, Geschichte und Literatur verlegt. Die Sprachschüler wurden auch dazu ermutigt, eigene Werke zu verfassen.

Die Schwierigkeiten, die das venezianische Experiment aufzeigte, lagen vielleicht am frühen Zeitpunkt der Gründung der Schule. Die Unterschiede zwischen den Anforderungen des Bailos und den Vorschlägen bzw. Ansätzen des Senats waren grundlegend.

Eine andere Schwierigkeit war, die Schüler zu rekrutieren. Die Kandidaten, besonders aus dem sogenannten Bürgertum, waren aufgrund des Rufs Konstantinopels wenig daran interessiert und versuchten in Venedig bessere Posten zu erhalten. Das Dekret von 1551 zog also nicht die besten Bewerber an. Die Lebensqualität war schlecht, die Karrieremöglichkeiten beschränkt und der Beruf gefährlich.

Ein anderes großes Problem war die Finanzierung der Schule, die von der öffentlichen Hand nicht wirklich unterstützt wurde. Es stellte sich auch die Frage nach der Qualifikation der Lehrkräfte. Es gab eine Diskrepanz zwischen der Entscheidung, einen Lehrer mit mangelnden Italienischkenntnissen anzustellen oder mehrsprachige Lehrkräfte, um den kulturellen Aspekt der Ausbildung zu fördern (vgl. Palumbo Fossati Casa 1995: 113).

Schließlich machte die Frage des ständig wechselnden Standorts zwischen Venedig und Konstantinopel eine qualitative Entwicklung des Unterrichts und der Schule unmöglich.

Das venezianische Sprachknaben-Institut brachte aber viele Vorteile mit sich und symbolisierte besser als alles andere, welche politische Vorreiterrolle Venedig damals spielte.

Im Lauf der Zeit konnten sich erste orientalische Studien durch das Verfassen von Büchern etc. etablieren und Venedig wurde zu einem Ort des Informationsaustauschs über den Orient und brachte Werke hervor, die die wesentlichen pädagogischen Werkzeuge der Schule darstellten.

Die venezianische Schule stellte zudem ein Vorbild dar, das anderen wie Frankreich oder der Habsburgermonarchie als Inspiration für ihre Sprachschulen diente. Venedig wurde in dieser Periode von den übrigen europäischen Mächten für seine Dragomane und deren Ausbildung bewundert. Trotz der zahlreichen Schwierigkeiten gelang es Venedig, durchgehend Sprachknaben zu Dragomanen auszubilden. Wenn einer ablebte, wurde die Stelle sofort nachbesetzt (vgl. Rothman 2009: 777).

3.2. Das polnische Modell

Polen hatte ebenfalls ab dem 16. Jahrhundert Schwierigkeiten, genaue Übersetzungen der türkischen Unterlagen zu bekommen (vgl. Majda 1995: 123). Die Osmanische Kanzlei wusste von diesen Problemen und schickte manche Unterlagen in Latein oder Griechisch. Diese waren aber für die Abkommen mit dem Sultan nicht brauchbar, denn diese mussten in Osmanischer Sprache verfasst werden.

Deshalb beschloss König Sigismund III. von Polen, seine Übersetzer nach Konstantinopel zu schicken, damit sie die orientalischen Sprachen erlernten.

> Erst als die Übermacht der Pforte gebrochen war und sich ihrem Ende näherte, steigerte sich im Abendland das Interesse für das Studium türkischer Sprache und Literatur. [...] War schon Siegmund I. [sic] von Polen mit seinem 1621 zu Konstantinopel errichteten Institut für Dolmetscher, an dem auch sein Bruder Markus sowie Johann III. Sobieski die morgenländischen Sprachen erlernt hatten, hervorgetreten [...]. (Babinger, 1919: 113)

Die Begabtesten unter ihnen waren Krzysztof Dzierek, der sechs Jahre in Konstantinopel studierte, Samuel Otwinowski, der einige historische Werke übersetzte, und Piotr Starkowieck, der für seine sehr guten Übersetzungen verschiedener Unterlagen bekannt wurde.

1622 wurde auf Vorschlag von François Mesgnien-Meninski auch eine Schule für orientalische Sprachen in Choczim[4] gegründet (vgl. Barb 1876: 10). Die Schüler sollten sie besuchen, bevor sie ihre Kenntnisse in Konstantinopel vertiefen konnten. Aus finanziellen Gründen wurde das Projekt jedoch nie umgesetzt. Die Schüler wurden also unter den Übersetzern der polnischen Krone ausgesucht und bei Privatlehrern unterrichtet.

> In dem Maße, als dann späterhin der Verkehr der europäischen Höfe mit der Pforte häufiger wurde, stieg auch das Bedürfnis guter Dolmetscher, und wir sehen von dem Bündnisse Sigmund's I. von Polen mit dem großen Soliman bis zum Kriege von

4 Heute wird diese Stadt Kotyn genannt und liegt in der Ukraine.

> Choczim (1621) die meisten edlen Polen in Konstantinopel selbst dem Studium der orientalischen Sprachen obliegen. (Starkfenfels 1839: 3–4)

Somit bildeten die Feldherren, die sogenannten Hetman, selbst ihre Dolmetscher für orientalische Sprachen aus. Diese waren besser als jene des Hofs und dies führte dazu, dass ausländische Dragomane am Hof eingestellt werden mussten. Aufgrund dieser Situation fand die Gründung der polnischen Schulen später statt und kann in diese Arbeit aufgrund des zeitlichen Rahmens nicht einbezogen werden. Es bleibt aber interessant anzumerken, dass der Lehrplan sehr bald den Schwerpunkt auf Wirtschaft und offizielle Kommunikation legte.

3.3. École des Jeunes de Langue – das französische Modell

Die ersten Überlegungen zu einer Ausbildung in orientalischen Sprachen in Frankreich gehen auf das Jahr 1557 zurück. Zu dieser Zeit schrieb der Botschafter in Konstantinopel an den König von Frankreich einen Brief, in dem er die Idee einer Schule erwähnte, an der französische Dragomane ausgebildet werden könnten. Es geht aus den verschiedenen Quellen nicht klar hervor, ob er sich vom venezianischen Modell hatte inspirieren lassen (vgl. Gauthier, Testa 2003: 42). Erst ein Jahrhundert später wurde diese Idee von Colbert wieder aufgegriffen.

Dank der neuen Kapitulationen von 1604 konnten die ersten Vorbereitungen getroffen werden. 1626 kamen die Kapuziner nach Konstantinopel und ließen sich in Pera nieder. 1628 wurden sie von der christlichen Gemeinschaft Peras gebeten, ihre Kinder zu unterrichten.

Im Lauf der Zeit konnten die Kapuziner Erfahrung im Sprachunterricht sammeln. Als das Sprachknaben-Institut Frankreichs in Konstantinopel gegründet wurde, konnten die Erfahrung und die Lehre der Kapuziner genutzt werden.

Im Jahre 1669 wurde entschieden, dass sechs Jungen nach Konstantinopel und Izmir zu den Kapuzinern geschickt werden, um dort die orientalischen Sprachen zu erlernen.

Es sollten daraufhin alle drei Jahre sechs Jungen, französische Staatsbürger im Alter zwischen neun und zehn Jahren auf Kosten der Handelskammer aus Marseille zu den Kapuzinern nach Konstantinopel und Izmir geschickt werden. Sie sollten in den wichtigsten orientalischen Sprachen ausgebildet werden, nämlich Griechisch, Arabisch, Persisch, Armenisch und Türkisch (vgl. Gauthier, Testa 2003: 153). Die Ausbildung war kostenlos. Sie sollten nach dieser Ausbildung den Botschaftern als Dragomanen zu Diensten stehen.

Somit erkannte der Hof die Notwendigkeit der Kenntnisse orientalischer Sprachen, um mit dem Osmanischen Reich kommunizieren zu können.

Die Sprachknaben kamen also sehr jung nach Konstantinopel und eine Rückkehr nach Europa war nicht geplant. Damit sollten sie die orientalische Kultur und die orientalischen Sitten annehmen.

Allerdings führte die schlechte Bezahlung der Dragomane und das anfängliche Heiratsverbot dazu, dass sich wenige für diese Karriere entschieden.

Die Finanzierung stellte ein großes Problem dar. Im Laufe seiner Zentralisierungspolitik versuchte Colbert den Einfluss der Händler aus Marseille im Mittelmeer zu verringern und diese durch seine eigenen Leute zu ersetzen. Als es seitens der Händler aus Marseille immer mehr Beschwerden über die Arbeit der levantinischen Dragomane gab, benutzte Colbert dies als Vorwand, um das Sprachknaben-Institut in Konstantinopel zu gründen und die Handelskammer zu dessen Finanzierung zu verpflichten. Die Handelskammer Marseille weigerte sich jedoch, die Ausbildung der Sprachknaben zu übernehmen. Dies spiegelt den Konflikt zwischen der Zentralmacht Paris und dem Freihafen Marseille wider, der auf Kosten der Dragomane ausgetragen wurde.

Privat war das Leben der Sprachknaben sehr stark reguliert. Es war nicht vorgesehen, dass die Sprachknaben nach Ihrer Ausbildung je nach Frankreich zurückkehren würden. Gleichzeitig aber wurde Ihnen praktisch verboten, zu heiraten und eine Familie zu gründen. Sie benötigten nämlich die Erlaubnis des Botschafters, um zu heiraten, der diese selten erteilte. Die Gründe dafür liegen erstens in dem Gehalt, der für den Erhalt einer Familie nicht ausreichte, zweitens wurde eine geistige Entfernung gegenüber Frankreich im Falle einer Heirat mit einer Levantinerin befürchtet, die die Loyalität der Dragomane beeinträchtigt hätte. Drittens war die Staatsangehörigkeit der in diesen Ehen geborenen Kinder ein Problem, da in Frankreich die Staatsbürgerschaft der in der Levante geborenen Kinder durch jene des Vaters bestimmt war, im Osmanischen Reich war sie im Gegenteil durch jene der Mutter bestimmt (vgl. Séraphin-Vincent 1995: 147).

Aufgrund dieser Situation war die Ausbildung als Sprachknabe und die Karriere als Dragoman nur für sehr wenige interessant (vgl. Séraphin-Vincent 1995: 144).

Ein anderes Problem, sowohl im venezianischen Modell als auch im Modell von Colbert, war die falsche Annahme, dass europäische Jungen daran interessiert wären, etwas Neues kennenzulernen. Hingegen war das Interesse der jungen Christen aus dem Orient groß, im Okzident ausgebildet zu werden. Daher feierten die Sprachknaben-Institute erst dann große Erfolge, als sie ihre Ausbildungsstätten nach Europa verlagerten.

Außerdem waren Christen aus dem Orient fähiger als Franzosen, die Funktion als Dragomane zu erfüllen, da sie auch die westliche Kultur kannten (vgl. Gauthier, Testa 2003: 137).

3.4. Das Sprachknaben-Institut – das habsburgische Modell

3.4.1. Zeit vor der Gründung des Sprachknaben-Instituts

Der Gesandte aus Österreich Karl Rijm von Estbeck erwähnte schon 1569 die Notwendigkeit, Inländer als Dolmetscher auszubilden. Er hatte nämlich bei seiner Ankunft in Konstantinopel die Nachteile des Dolmetschwesens schnell erkannt. Es wurden junge Männer ins Osmanische Reich als Begleitung von Gesandten oder Vertretern geschickt, damit sie dort die Sprache lernten, und geplant war, dass sie bei ihrer Rückkehr diese Sprachen in Wien unterrichteten.

> Es wurden daher von Zeit zu Zeit mit den Agenten und Konsuln junge Männer abgeschickt, welche sich an dem Hofe zu Konstantinopel in den orientalischen Sprachen ausbilden, und die erworbenen Kenntnisse zu diesem Zwecke im Vaterlande erbreiten sollten. Schon im Jahre 1578 ging auf solche Weise Peter von Wolzogen mit dem Gesandten Joachim von Einzendorf, und später Johann Franz Mesgnien von Meninski in dieser Absicht nach Konstantinopel. (Starkenfels 1839: 3)

Fast zur gleichen Zeit wurde durch Wilhelm Postel und Johann Albrecht Widmannstetter versucht, an der Universität Wien eine Lehrkanzel für arabische Sprachen zu errichten. Dieser Versuch wurde aber bald abgebrochen (vgl. Joukova 2002: 12).

Dennoch blieb dies nicht gänzlich ohne Erfolg, wie die Veröffentlichung der „Türkischen Grammatik" von Hieronymus Megiser 1612 beweist (vgl. Barb 1876: 10).

Rijm von Estbeck war auch einer der ersten, der statt der Dragomane des Sultans die Dragomane der Habsburgermonarchie einsetzte, wie Severi (2005) es in einer Fußnote erwähnt: "While his predecessors still relied heavily on the Porte's interpreters, it was Rijm who first started using the Habsburg dragomans systematically. See, among many other examples, Rijm's letter to Maximilian II." (2005: 287).

Diese frühen Versuche, Türkisch zu unterrichten oder Dolmetscher für die Osmanische Sprache auszubilden, zeigen einerseits, dass es eine Prestigesache war, über eigene Dolmetscher zu verfügen. Andererseits war es für den Botschafter in Konstantinopel die einzige Möglichkeit, sich der Treue und Zuverlässigkeit der Dolmetschung sicher zu sein (vgl. Reiter 2013: 205).

Im Rahmen von Verhandlungen zwischen dem Osmanischen Reich und der Habsburgermonarchie nach dem Langen Türkenkrieg (1593–1606) entstanden Schwierigkeiten sowohl kultureller und politischer Art. Nicht nur die sprachliche Hürde stellte ein Hindernis dar, sondern es entstanden auch Probleme formeller Art, bedingt durch die kulturellen Unterschiede oder das Hofprotokoll an der Hohen Pforte. Diese Probleme wurden anfangs als nebensächlich betrachtet, gewannen aber immer mehr an Bedeutung.

Der Mangel an guten Dolmetschern, die auch die Kultur und das Zeremoniell am osmanischen Hof kannten, wurde besonders offensichtlich, wenn es um den Brauch von Staatsgeschenken oder um persönliche finanzielle Zuwendungen ging, die den Europäern nicht geläufig waren oder in deren Kultur etwas völlig anderes bedeuteten. Im Osmanischen Reich war es üblich, dass jede Leistung eines Würdenträgers bezahlt wurde. Im europäischen Recht galt es als Korruption und erzeugte großen Widerstand. Es wurde ebenfalls festgestellt, dass die Dolmetscher nicht immer die notwendigen sprachlichen Kenntnisse aufwiesen und unzuverlässig waren (vgl. Hiller 2011: 50).

Aus diesen Gründen lag der Schwerpunkt der Ausbildung von Dolmetschern zwar auf dem Erwerb von Sprachkenntnissen, beschränkte sich aber sich nicht nur darauf.

Es wurde ebenfalls notwendig, über eigene Dolmetscher und Übersetzer zu verfügen, damit die mündlich vereinbarten Klauseln auch präzise in die schriftlichen Unterlagen übertragen wurden. Dazu Hiller (2011): „Es verging einige Zeit, bis Wien bei jeder Verhandlung für Dolmetscher sorgen konnte, die sowohl mündlich als auch schriftlich die türkische Sprache so beherrschten, dass sie die Authentizität der einzelnen Urkunden überprüfen konnten." (2011: 50).

Hier lag das Problem darin, dass es in jeder Delegation Personen gab, die türkisch verstehen und sprechen konnten; sie konnten jedoch die Verträge in komplizierter Handschrift nicht entziffern. Die Türken waren sich dessen bewusst und nutzten dies zu ihrem Vorteil. Die gelesenen und die geschriebenen Texte waren nicht ident. Trotzdem waren die Friedensverträge von 1606 und 1609 große Erfolge, was zeigt, dass es schon Anfang des 17. Jahrhunderts am Kaiserhof Personen gab, die Osmanisch sprachen.

Seit dem Friedensschluss von Zsitva-Toroker im Jahr 1606, der die Grenze zwischen Ungarn und dem Osmanischen Reich festlegte, kam es immer wieder zu Konflikten an der Grenze. Die Habsburgermonarchie suchte oft den diplomatischen Weg in Form einer „Großbotschaft", um diese Konflikte zu lösen. Eine Großbotschaft bestand aus dem Verteilen von Geschenken und gleichzeitig aus Verhandlungen, um die Rechte des Kaisers zu verteidigen. Das

Ziel einer solchen Großbotschaft war die Pazifikation und kam immer günstiger als ein Krieg. 1616 war wieder eine Großbotschaft aufgrund von Verhandlungen zur neuen österreichischen Schirmherrschaft über die Katholiken im Osmanischen Reich sowie zur Freiheit für die Jesuiten notwendig. Der Großbotschafter war Hermann Czernin Graf von Chudenic, der 1616/17 an den Bosporus reiste. Das Ziel der ersten Gesandtschaft war, den Frieden zu erhalten. Er wurde 1644/45 erneut als Gesandter nach Konstantinopel geschickt (vgl. Wagner 1984: 342–343).

Hermann Graf Czernin von Chudenic wurde 1576 in Böhmen geboren. Er unternahm mit 22 Jahren eine erste Reise nach Jerusalem und erwarb während dieser Reise einige Kenntnisse in orientalischen Sprachen. Ab 1603 stand er im Dienst der Habsburgermonarchie und wurde 1616 zum ersten Mal als Botschafter nach Konstantinopel geschickt. Er konnte seine Mission 1617 mit Erfolg abschließen (vgl. Wagner 1984: 342).

Es wurde ihm 1616 von Kardinal von Khlesl in einer Instruktion empfohlen, österreichische Dragomane in Konstantinopel auszubilden, um Ungenauigkeiten zu vermeiden, wie es in den Verhandlungen zum Friedensvertrag von 1606 passiert war.

Kardinal Melchior von Khlesl[5] wurde 1552 in Wien geboren. Als Bischof und Kanzler von Kaiser Matthias arbeitete er stets für die Vorherrschaft des katholischen Glaubens. 1616 konnte er Kaiser Matthias überzeugen, zwei Sprachknaben nach Konstantinopel zum Residenten zu schicken, um sie dort auszubilden.

> Man begriff in Wien, daß der Dolmetschermangel beseitigt werden mußte. Aus dieser Erkenntnis heraus konnte Kardinal Melchior Klesl (1553–1630), der „primado"des Kaisers Matthias (1612–1619), bei seinem Herrn anno 1616 die Heranbildung von zwei „Sprachknaben" beim jeweiligen kaiserlichen Residenten in Konstantinopel (Seit 1546; es gab jedoch nie einen türkischen Residenten in Wien) erwirken. (Wagner 1984: 336)

5 Man findet verschiedene Schreibweise für den Namen wie z. B. Klesl oder Klesel.

In seiner Instruktion vom 23. April 1616 erklärte Khlesl dem Kaiser sehr klar, dass es nötig war, über einen eigenen Dragoman zu verfügen, der mit Venedig und der Habsburgermonarchie nicht verfeindet war und der auch nicht Untertan einer anderen Macht war. Im nächsten Punkt erläutert er, wer diese Dolmetscher sein sollten, was sie zu lernen hätten und wer dafür zahlen sollte.

> Das ergibt sich klar aus den Punkten 25 und 26 der Instruktion Klesls für den kaiserlichen Großbotschafter Hermann Graf Czernin von Chudenic (1616/17) vom 23. April 1616, worin es heißt: (25) So ist allweg vonnöten daß Ier Mayest. einen aignen Dracomannum so Türgischer und Arabischer Sprach wol erfahren, denen Venedigern oder andern deß Hauß Oesterreichs feinden nicht unterthenig sey, sondern von Ir Mayest. Dependirt, unndt ihme zu trauen, alßbaldt bestelt unndt der Damianus alß ein Venedischer Unterthan erlassen werde. (26) Eß bewilligen auch ihr Mayest., daß der Resident [Michael} Starzer zween Teutscher Khnaben, so die Türggische unndt Arabische Sprach lehrnen, darynnen wol geybet werden khinden, welche Ihr Mayest. so wol bey der Portten alß bey ihrem Hof khünfftig gebrauchen möchten, die Unterhalten. (Hammer-Purgstall 1850: 404)

Es wurden bis jetzt keine Hinweise auf die ersten Sprachknaben, die im Jahr 1616 mit der Gesandtschaft nach Konstantinopel mitgereist sind, gefunden.

1634 wurde erneut in einem Bericht vom österreichisch-kaiserlichen Botschafter von Puchheim vorgeschlagen, den levantinischen Dolmetscher Barbato durch Sprachknaben zu ersetzen. Drei Jahre später versuchten erneut Schmid, Resident in Konstantinopel, und D'Asquier, Hofdolmetscher, den Hofkriegsrat davon zu überzeugen, einen jungen Mann deutscher Herkunft, der im Osmanischen Reich aufgewachsen war, nach Wien zu schicken und dort eine Akademie für angehende Dragomane zu gründen. Diese Empfehlung wurde ebenfalls vom Hofkriegsrat mit dem Grund abgelehnt, dass Schmid es schon früher ohne Erfolg versucht hatte. Außerdem wurde auf die Gefahr hingewiesen, junge Menschen ins Osmanische Reich zu schicken. Erst 1640 wurden zum ersten Mal auf Antrag von Schmid und D'Asquier die Mittel zugesichert, um in Konstantinopel Sprachknaben auszubilden. (vgl. Meienberger 1973: 96).

Michele D'Asquier wurde 1598 geboren und fungierte als Hofdolmetscher für Orientalische Sprachen in Wien, wie auf seinem Grabstein im Wiener

Stephansdom zu lesen ist. Er stammte aus einer Händlerfamilie aus Marseille und durch die Handelsbeziehungen mit dem Osmanischen Reich erwarb er seine Sprachkenntnisse. Als er um 1618 nach Wien an den Kaiserhof kam, verfügte er schon über sehr gute Kenntisse des Osmanischen. 1625 wurde er als Hofdolmetscher für Orientalische Sprachen vom Hofkriegsrat angestellt und während der Friedensverhandlungen von Szöny/Gyarmath eingesetzt (vgl. Hamilton 2009: 238).

Er war für die Rekrutierung und Ausbildung der Sprachknaben, aber auch für Übersetzungen am Wiener Hof zuständig (vgl. Meienberger 1973: 81). Als wichtiger Vermittler zwischen dem Residenten Schmid und dem Wiener Hof war er außerdem mit der geheimen Korrespondenz vertraut (vgl. Meienberger 1973: 80).

> In den wesentlichen Funktionen lässt sich sein [Michele D'Asquiers] Aufgabenbereich mit demjenigen des Pfortendolmetschers vergleichen. Sein Einblick in die gesamten orientalischen Angelegenheiten verschaffte ihm eine faktische Machtstellung, die derjenigen seines Kollegen bei der türkischen Regierung durchaus ähnlich war. (Meienberger 1973: 82)

Er blieb bis 1663 in seiner Funktion und wurde dann von François Mesgnien Meninski ersetzt. Auch wenn D'Asquier keinen so prägenden Eindruck wie sein Nachfolger hinterließ, war er trotzdem maßgeblich an der Tradition der orientalischen Studien in der Habsburger Monarchie beteiligt und sorgte für den Aufbau einer der besten Dolmetscherschulen in Europa (vgl. Hamilton 2009: 241).

Ab 1662 war Mesgnien Meninski, ein polnischer Diplomat, als Hofdolmetscher in Wien tätig und teilte diese Position mit D'Asquier bis 1663. Er hatte in Polen bei W. Bieczyńskim, der Dolmetscher für orientalische Sprachen am Hof in Polen war, gelernt. Als er mit dem polnischen Botschafter 1653 nach Konstantinopel ging, vertiefte er seine Türkischkenntnisse bei einem polnischen Lehrer namens Wojciech Bobowski (auch Bobovius Ahmed genannt), der als Pfortendolmetscher tätig war. Meninski fing als Übersetzer bei der polnischen Botschaft an.

1656 übernahm er die Gesamtverantwortung für das Dolmetscheramt in Warschau und versuchte eine Schule für orientalische Sprachen zu gründen. Nach einigen Jahren trat er in den Dienst der Habsburgermonarchie ein und unterrichtete als Hofdolmetscher auch andere Personen in den orientalischen Sprachen. Einer seiner Schüler war Johann Baptist Podestà, mit dem er später verfeindet war.

Meninski veröffentlichte sein wichtigstes Werk „Thesauri linguarum orientalium" 1680 in vier Bänden. Es handelte sich um ein Wörterbuch vom Türkischen, Arabischen und Persischen ins Lateinische. Das Werk enthielt sowohl Übersetzungen als auch Erklärungen, eine Grammatik und Übungen, um die osmanische Sprache zu lernen. Es wurde 1780 in Wien neu gedruckt und diente lange Zeit als Unterrichtsmaterial für die angehenden Dragomane. Meninski war bis zum Ende seiner Karriere als Hofdolmetscher tätig und starb 1698 in Wien.

Johann Baptist Podestà wurde in Italien geboren und fing 1665 im Hofkriegsrat als Kanzlist und ungarischer Dolmetscher an. In diesem Jahr begann er bei Meninski Türkisch zu lernen (vgl. Knoll 1999: 16). Er erwies sich als schlechter Schüler und Meninski, der von seinen schlechten Sprachkenntnissen und Übersetzungen enttäuscht war, zerstritt sich mit ihm. Dieser Streit sollte aber für die orientalischen Studien in Wien sehr fruchtbar sein, denn Meninski und Podestà lieferten sich einen Wettstreit um den besseren Orientalisten und veröffentlichten wichtige Werke.

Podestà hatte dann ab 1666 einen neuen Lehrer für Türkisch, Nikolaus Illanovich. Podestà erhielt 1674 die Erlaubnis an der Universität Wien erstmals Türkisch zu unterrichten. Am Anfang hatte er 18 Hörer, von denen lediglich drei die Erlaubnis hatten, nach Konstantinopel zu gehen, um ihre Sprachkenntnisse zu vertiefen.

> Wie etwa zur gleichen Zeit Paris, entsandte auch Wien bereits seit 1674 „Sprachknaben" („jeunes de langues") nach Istanbul, damit diese dort im jungen Alter unter der Aufsicht des jeweiligen diplomatischen Missionschefs, der von der Hofkammer für die Unterbringung und Verköstigung der Zöglinge entschädigt wurde, Türkisch, Persisch und auch Arabisch erlernten[3]. (Wolf 2005: 504)

Wir sehen also hier, dass das Erlernen der türkischen Sprache am Anfang nur in Konstantinopel und erst später auch am Wiener Hof stattgefunden hat. Die Mittel zu Ausbildung der Sprachknaben in Konstantinopel wurden ab 1640 zu Verfügung gestellt. Die Hofdolmetscher, wie Michele D'Asquier ab 1625, waren vor der Mitte des 17. Jahrhunderts als Übersetzer und Lehrer für die orientalischen Sprachen tätig.

> Man darf annehmen, daß die vorgenannten Sprachknaben ihre Ausbildung in der Heimat bei Gelehrten, z. B. bei dem kais. Dolmetscher D'Asquier oder bei dem Johann Baptista Podesta, Professor publicus Linguarum Orientalium in Wien, genossen haben. Die Frage ist deswegen nicht direkt abzulehnen, weil nach dem Akte ‚Hoff. 31.10.1683 des k. u. k. Finanz-Archivs Wien' auf einen, dem Johann Baptista Podesta, von Hoff gegebenen Sprachknaben fünffzig gulden, für den Rittmeister Wiz fünffundsibenzig und Haubtman Strauß sechzig wie auch auf drey Scholaren der orientalischen Sprachenzweyhundert gulden' in Rechnung gestellt worden sind, woran die Mahnung geknüpft wurde: ‚Wie nun gleichwohl hiebey zusehen, ob derlei Verpflegung und Unterhalt auf ein beständiges, verwilliget, und die Sprachknaben würkhlich vorhanden, auch in dem exercitio linguarum eine Frucht erzaigen, daß sye khünfftig zu Diensten Ihrer kay. May nuzlich zu gebrauchen seyn möchten, alß würdet herber die weitere Erkhundigung einzuziehen und unß der Befundt anhero u berichten seyn.' Es erscheint in dem Zusammenhange wahrscheinlich, daß man sogar zu sprachgewandten Offizieren Sprachknaben zur Ausbildung gegeben habe. Glaubte man sie zum Dienste reif, so wurden sie nach der Türkei gesandt und durch den ständigen Verkehr in der kaiserlichen Vertretung in ihren eigentlichen Dienst eingeführt. (Peez 1916: 224–225)

Diese Dolmetscher haben andere in Wien unterrichtet. Es kann auch am Beispiel von Johann Rudolf Schmid vermutet werden, dass Ihr Wissen als Basis für die Ausbildung der Sprachknaben in der Internuntiatur benutzt wurde. Schmid geriet als Kind in türkische Gefangenschaft und lernte in Konstantinopel Türkisch in Wort und Schrift. Er wurde dann als Übersetzer im diplomatischen Dienst des Osmanischen Reichs eingesetzt. 1624 erhielt er seine Freiheit zurück und ab 1625 war er im Dient des Hofkriegsrats der Habsburgermonarchie tätig. Er wurde als Resident nach Konstantinopel geschickt und blieb dort von 1629 bis 1643. Danach kehrte er nach Wien zurück und arbeitete im Hofkriegsrat bis er 1649 als Internuntius der Habsburgermonarchie nach Konstantinopel zurückkehrte.

Ab 1652 war er Sachwalter der orientalischen Angelegenheiten im Wiener Hofkriegsrat, wo er 1663 seine Karriere beendete.

Die Erfahrungen, die er im Laufe seines Lebens und seiner verschiedenen Positionen machte, konnte er schließlich im Wiener Hofkriegsrat nutzen. Der Hofkriegsrat war nicht nur für militärische Angelegenheiten zuständig, sondern auch für die diplomatischen Beziehungen mit dem Osmanischen Reich. Trotz seines schlechten Gesundheitszustands wurde Schmid von 1652 bis 1663 als Sachwalter für die orientalischen Angelegenheiten eingesetzt, weil der damalige Leiter des Hofkriegsrats auf seine Dienste nicht verzichten wollte (vgl. Petritsch 1987: 76).

3.4.2. Die Gründung des Sprachknaben-Instituts

Die Entscheidung, ein Sprachknaben-Institut durch die Habsburgermonarchie nach dem Venezianischen Modell zur gründen, wird oft in der Mitte bzw. eher gegen Ende des 17. Jahrhunderts angenommen. In der Literatur finden sich jedoch zwei Hinweise, die je ein unterschiedliches Datum um 1650 nennen.

Helmut Glück (2002) weist in einer Fußnote auf die Gründung hin: „Das ‚Sprachknaben-Institut' des Wiener Hofes wurde um 1650 bei der ‚Internuntiatur' in Konstantinopel eingerichtet." (2002: 211)

Das Datum der Gründung lässt sich aber noch genauer festlegen, und zwar durch das Tagebuch von Graf Czernin von Chudenic, das er während seiner zweiten Gesandtschaft in Konstantinopel geführt hatte.

In einer Notiz vom Jahr 1644 listete Czernin auf, was für den Erfolg seiner Mission notwendig wäre, und unter anderem erwähnte er dort die Notwendigkeit von treuen Dolmetschern.

> 2. Zween guete Tolmatsch, darunter Einer mit Nahmen Brutetti.
>
> [...]
>
> 8. So were auch von Nöthen, vier junge Knaben, armer Leuth Kinder mitzuschickhen, damit dieselbe ex fundamento arabisch, darauf die türkische Sprach gehet, erlernen

> könten, und Ihre Kay. May solcher khünftig sich zu Dero Diensten zu gebrauchen und auf dieselb zu verlassen hetten und könnte zu Unterhaltung derselben dem Residenten ein Genantes od. Gewisses allergnädigst ordiniret werden. (Czernin 1879: 107)

Auf diese Bitte von Czernin, Kinder mitzuschicken, damit sie die türkische Sprache erlernten, reagierte der Kaiser in seiner Instruktion vom 27. Juni 1644 positiv, wie Wagner (1984) es belegt: „Sie [Die Sprachknaben] wurden 1645 durch Ferdinand III. (laut Instruktion vom 27. Juni 1644 an Hermann Graf Czernin) auf vier erhöht. Diese Einrichtung entwickelte sich zu einem Dauer-Institut der Sprachknaben.“ (1984: 336)

Damit ist belegt, dass das Sprachknaben-Institut der Habsburgermonarchie 1645 gegründet wurde und somit zeitlich vor der École des Jeunes de Langues von Frankreich.

In seiner Instruktion an Czernin äußerte sich Kaiser Ferdinand III. sehr deutlich darüber, wer die Sprachknaben sein sollten bzw. wie ihre Ausbildung organisiert werden sollte und wer für die verschiedenen Aufgaben und Ausgaben zuständig sein sollte.

> Es soll auch unser Orator sich zu Constantinopel bewerben, ein paar taugliche Dragomanos, die der türkischen Sprach im reden und schreiben perfecte kündig und auf deren Treu Wir Uns zu verlassen hetten, zu unseren Kayserlichen Diensten zu bringen und da Er dergleichen finden köndte, Uns dessen gehorsambist avisiren und zu deren Herausraiss den nothwendigen Unkosten darauf geben, das wollen Wir ihm hinwiederumb von Unserer Hof-Cammer gdst. guetmachen und erstatten lassen. Damit man auch dergleichen Subjecta wiederumb herbeyziglen khönne, haben Wir Uns gdst resolvirt, vier junge Knaben nach Constantinopel zu schicken, dass selbige ex fundamento türkisch reden und schreiben erlehrnen mögen. Die hat Unser Potschafter mit sich zu nemben, zu Constantinopel Unserm Residenten, Alexander Greifenclau zu überliefern und demselben in Unserm Namen zu befehlen, dass Er guete Acht auf selbige geben und darob sein solle, dass sie nicht allein christlich auferzogen und nicht verführt werden, sondern auch sich in der türkhischen, arabischen und Croatischen wie auch in der italienischen Sprach also üben, damit Wir künftig perfecte Dragomanos an Ihnen haben und Uns deren zu Unsern Diensten nuczlich gebrauchen mögen. Wir werden allen zu Ihrer Unterhaltung gehörigen Unkosten von Unserer Hofkammer gnadigst dahin remittiren lassen. (Czernin 1879: 107)

Czernin hielt zunächst Ausschau nach fähigen jungen Menschen, die in Frage kämen, um als Sprachknaben ausgebildet zu werden. Er fand einen katholischen Jungen aus Aleppo, der das Osmanische und das Italienische beherrschte. Der angehende Dragoman hieß Ioan Baptista Corel (auch Giovanni Battista Corel genannt). Er nahm ihn aber nach Wien mit, statt ihn in Konstantinopel weiter ausbilden zu lassen (vgl. Hering 1994: 146).

Corel wurde schnell nach Graz beordert, wo er Übersetzungen anfertigte. Danach dolmetschte er in Raab und Komorn. Corel war aber nicht zuverlässig, denn er hatte der türkischen Regierung verraten, wieviele Taler der Kaiser als Geschenk zur Friedensverlängerung 1649 durch Schmid veranschlagt hatte.

Somit sah sich der damalige Resident Greiffenklau gezwungen, einen anderen Dolmetscher einzustellen. Alexander Greiffenklau von Vollrats war von 1643 bis 1648 kaiserlicher Resident in Konstantinopel. Er verstarb 1648 und wurde ersetzt. Seine Amtsführung wurde in Wien sehr kritisiert (vgl. Wagner 1984: 346).

Greiffenklau entschied sich für Panagiotis Nikousios als Dolmetscher, der Latein, Osmanisch, Griechisch aber auch Venezianisch konnte. Die Übersetzungskompetenzen von Nikousios wurden in Wien von Michele d'Asquier geprüft, der damals als Hofdolmetscher in Wien tätig war.

Die Kenntnisse der venezianischen Sprachen von Nikousios waren aus zwei Gründen sehr wichtig, erstens war es die Sprache, in der er mit dem Kaiser und mit den Gesandten kommunizieren konnte. Zweitens verfasste er auch seine Dienstnotizen und unterrichtete die Sprachknaben der österreichischen Gesandtschaft auf Venezianisch (vgl. Hering 1994: 147).

Damit wird auch die Frage der Ausbildungsstruktur der Sprachknaben beantwortet. Sie erwarben ihre Sprachkenntnisse nicht nur durch den Besuch von Märkten, sondern wurden auch in der Botschaft von den älteren Dolmetschern unterrichtet.

Panagiotis Nikousios stammte aus Chios und war griechischer Herkunft. Er hatte in Konstantinopel Philosophie studiert und später Medizin in Padua. Er wurde schon ab 1644 in den Dienst der kaiserlichen Gesandtschaft aufgenommen, wie Hering (1994) erklärt:“ Von Fall zu Fall dürfte der Resident Nikousios schon seit 1644 als Dolmetscher herangezogen haben, denn Nikousios schrieb 1653, er diene der Gesandtschaft seit über neun Jahren“ (1994: 146). Er erscheint ab 1645 auf der Gehaltsabrechnung des Hofkriegszahlamtes und seine feste Aufnahme in den kaiserlichen Dienst wurde am 17.04.1646 im Hofkriegsratsprotokoll eingetragen (vgl. Hering 1994: 147). Der neue Resident Schmid wollte sich ursprünglich von Nikousios trennen, aber seine sehr gute Arbeit und die schlechten Leistungen der Sprachknaben ließen ihn sich anders entscheiden.

Die Ausbildung der ersten Sprachknaben gestaltete sich nicht so erfolgreich wie gedacht. Die Sprachknaben entsprachen nicht den Hoffnungen, die in sie gesetzt wurden. Die Sprachknaben, die in den Jahren 1644 bis 1649 an der Internuntiatur unterrichtet wurden, sind namentlich bekannt und Hering (1994) führt die Anfangsschwierigkeiten auf verschiedene Gründe zurück.

Dominicus Pius Ballez konvertierte zum Islam, bereute später seinen Entschluss und musste das Osmanische Reich fluchtartig verlassen.

Hans Georg Zemper und Heinrich Julius Wachin (auch Waggin oder Bachin geschrieben) wurde vorgeworfen, sich nicht ernsthaft dem Studium zu widmen. Zemper und Wachin wurden nach Wien zurückgeschickt, aber Wachin, der in Wien von d’Asquier hätte unterrichtet werden sollen, wurde wegen seines Verhaltens nach Konstantinopel zurückgeschickt und später in Raab eingesetzt.

Francesco Navons aus Pera machte gute Fortschritte, wurde aber entlassen, weil er seinem Bruder, der als Dolmetscher bei der Venezianischen Gesandtschaft arbeitete, Staatsgeheimnisse verraten hatte (vgl. Hering 1994: 154).

Diese Situation verbesserte sich in den nächsten Jahren unter dem Residenten Simon Reniger[6], wie Hering (1994) erklärt: „Reniger berichtete, die Knaben lernten jetzt fleißig und gäben keinen Anlaß zur Klage“ (1995: 155).

In weiterer Folge wurden andere Sprachknaben rekrutiert und am Institut in Konstantinopel ausgebildet. Diese Sprachknaben wurden in den Dienst als Dolmetscher aufgenommen.

Marco Miro, ein ehemaliger Sprachknabe, fing 1659 als Dolmetscher an und war bis 1665 tätig. Er verließ den Dienst nach einem Konflikt mit dem venezianischen Gesandten. Der frühere Sprachknabe Georgio Cleronome wurde ab 1663 kaiserlicher Dolmetscher und erhielt ein jährliches Gehalt von 200 Reichstalern.

1651 fing Marcantonio Mamuca della Torre als Sprachknabe an. Er war katholisch, beherrschte die venezianische und griechische Sprache und lernte schnell das Osmanische. Er verdiente als Sprachknabe 100 Taler pro Jahr und erhielt 1656 den Titel eines Dolmetschers. Sein Gehalt wurde 1664 auf 400 Taler erhöht. Marcantonio Mamuca della Torre überwarf sich aber mit Nikousios und intrigierte gegen ihn und gegen seinen Vetter Giannakis Porfyritis. Er wurde trotz seines schlechten Rufs als Dolmetscher in Konstantinopel behalten (vgl. Hering 1994: 172).

In den Berichten von Reniger an Schmid wurden auch andere Sprachknaben erwähnt, die etwa 12 Jahre alt waren und bei einem Privatlehrer die Osmanische Sprache erlernten. 1659 berichtete derselbe Reniger, dass die Sprachknaben doch weniger Fortschritte als erwartet gemacht haben (vgl. Hering 1994: 155). Zu den Schwierigkeiten, die Sprachknaben zu kompetenten Dolmetschern auszubilden, kamen noch die gefährlichen Umstände des Berufs und des Lebens in Konstantinopel im Allgemeinen.

---

6 Es werden verschiedene Schreibweisen in der Literatur verwendet: "Reninger" oder "Renninger"

1663 wurde Georgio Cleronome (Georg Cleronome) auf Empfehlung von Großbotschafter Graf Leslie zum kaiserlichen Dolmetscher ernannt und erhielt ein Gehalt von 200 Reichstalern. Er war früher als Sprachknabe im Dienst des Residenten Reniger gestanden. Er war vielseitig einsetzbar, aber seine türkischen Kenntnisse waren nicht so gut wie die seines Rivalen Marcantonio Mamuca della Torre (vgl. Peez 1916: 222).

In seinem Schlussbericht vom 13. April 1666 zu seiner Mission in Kontantinopel erwähnte Großbotschafter Graf Leslie den Sprachknaben Hartmann, in den große Hoffnungen gesetzt wurden. Der Resident Casanova erstattete aber im Februar 1666 ebenfalls Bericht und weist auf den Tod von Widder hin, der nach einem Streit auf der Strasse erstochen wurde (vgl. Peez 1916: 223).

Die Sprachknaben wurden in diesen Jahren auch direkt in Konstantinopel rekrutiert, wie im Fall von Giannakis Porphyritis. Er war der Neffe von Nikousios und stand ihm als Gehilfe zur Seite. Er wurde in den Jahren 1667/1668 nach Wien zur Weiterbildung geschickt. Nach seiner Rückkehr nach Konstantinopel wurde er in den kaiserlichen Dienst aufgenommen (vgl. Hering 1994: 172).

Die Sprachknaben wurden auch durch Empfehlungen ins Sprachknaben-Insitut geschickt, wie Hering berichtet: „Mamuca gelang es sogar, zwei Cousins, Bartolomeo und Christoforo Patrigi, als Sprachknaben unterzubringen.“ (1994: 172).

Die ehemaligen Sprachknaben, die nun als kaiserliche Dolmetscher tätig waren, unterrichteten ebenfalls die neuen Sprachknaben.

> Am 15. April 1667 erbietet sich Marcanton zur Ausbildung seines 12jährigen Vetters Christoph Padrigo, der italienisch, türkisch, griechisch und lateinisch verstehe, und verlangt dafür und für die Ausbildung von dessen Mitschüler nur je 100 fl. jährlich. Der Hofkriegsrat schlägt vor, wenn der Resident ihn als tauglich erkenne, ihne für einen Sprachknaben anzunehmen, weilen überahl Mangl an dergleichen Leuthen erscheint. (Peez 1916: 224)

Dieser Mangel an Sprachknaben ist auch um 1685 klar ersichtlich, wie der Bericht des kaiserlichen Großbotschafters Graf Caprara aufzeigt.

> Heinrich Julius Woghini/ Kaiserli. Dollmetsch der Orientalischen Sprache/ seines Alters 60. Jahr/ deren er 38 in Diensten Sr. Kaiserl. Maj. zugebracht / ist wegen seiner Sprachen Erfahrung und Wissenschaft zu einem Beistand verordnet worden. [...] Dominicus Bellottus, ein Niederländer/ als Secretairus der außländischen Sprachen; zween Jüngling / Barthlomaeus Jueber und Heinrich Christoff Schuegher/ wegen der Morgenländischen Sprachen und ich wurden angenommen. (Benaglia 1687: 5)

Die letzten Sprachknaben, die in Konstantinopel ausgebildet wurden, waren Joseph Gehiter, Melchior Mnadales, Johann Ettinger, Sebastian Baumeister, Christoph Augusti, Johann Montska, Leopold Schmid und Leopold Selskoviz (vgl. Joukova 2002: 27).

3.4.3. Erfolge und Misserfolge des Sprachknaben-Instituts

Die Idee, Dragomane direkt in Konstantinopel auszubilden, hatte große Vorteile, besonders was die Qualität der Sprach- und Kulturkenntnisse betraf, aber auch in Hinsicht auf die Loyalität der Dragomane selbst.

Besonders hervorzuheben sind die verschiedenen Werke und Lehrmaterialien, die im Rahmen der Ausbildung verfasst wurden und eine solide Basis für die Orientalische Akademie in Wien und die École de Langues in Paris darstellten (vgl. Gauthier, Testa 2003: 21).

Das Ausbildungsprogramm bestand aus dem Erwerb von Sprachkenntnissen durch Methoden, die heutzutage noch dieselben geblieben sind: Vokabel selbstständig auswendig lernen, Grammatikstunden mit Lehrern, mündliche Kompetenzen durch Austausch und Beobachtung festigen, schriftliche Kompetenzen beim Übersetzen vertiefen. Das Sprachknaben-Institut schien also durchaus Erfolge zu erzielen, denn es war mit allem versehen, was zur Ausbildung notwendig war. Es fehlte weder an Büchern noch an guten Lehrern. Die Besoldung von 600 fl. war auch ausreichend. Dennoch gaben der mangelnde Fleiß, die schlechten Sitten und der Lebenswandel der Sprachknaben häufig Anlass zu Kritik. Aufgrunddessen wurden immer wieder Sprachknaben entlassen (vgl. Peez 1916: 225).

Bemerkenswert war vor allem den Versuch Sprachknaben systematisch auszubilden. Bis 1645 wurden zwei bis vier Knaben mit den Großbotschtaftern oder Gesandten mitgeschickt, damit sie im Laufe der Reise sich Kenntnisse der Osmanischen Sprachen aneignen konnten. Dadurch konnten die Knaben Sprachkenntnisse aber keine kulturellen Kompetenzen erwerben. Diese wurden aber aufgrund des strengen Zeremoniells am Sultanhof und der kulturellen Andersartigkeit genauso notwendig wie die Sprachkenntnisse.

Erst 1645 wurde von einem Sprachknaben-Institut die Rede. Die Gründung des Instituts wurde mit der Instruktion des Kaisers tatkräftig, die den Rahmen der Ausbildung der Sprachknaben klar definierte (vgl Czernin 1879: 107).

Ein Institut hatte den Vorteil, die Sprachknaben nicht nur in der Theorie sondern auch in der Praxis auszubilden. Eine Qualitätssicherung der Ausbildung wurde auch durch die Kontrolle der Fortschritte gewährleistet, denn die Sprachknaben mussten für fähig gehalten werden, bevor sie zu Dolmetschern ernannt wurden.

Im Laufe der Zeit wurde auch immer versucht, die verschiedenen Aspekte der Ausbildung (Alter, Herkunft der Sprachknaben, Methoden, Verhaltenskodex etc.) zu verbessern.

Am Anfang waren die Sprachknaben zwischen acht und zwölf Jahre alt und waren in der Residenz des Internuntius in Konstantinopel untergebracht. Sie blieben zehn bis sechzehn Jahre in Konstantinopel. Wenn Ihre Kenntnisse schließlich für gut genug befunden wurden, wurden sie beeidet und für Verhandlungen als Dolmetscher an der Hohen Pforte eingesetzt.

> Reichlicher fließen die Quellen bei der Residentur zugeteilten Sprachknaben, junge Männer meist aus den Erblanden, welche zur Erlernung der orientalischen Sprachen und zur Einführung in den Dolmetscherdienst bei der kais. [sic] Vertretung im osmanischen Reiche nach Konstantinopel geschickt und dem Residenten unterstellt worden sind. (Peez 1916: 223)

Bevor die Sprachknaben nach Konstantinopel geschickt wurden, wurden sie manchmal in Wien unterrichtet. Im Finanzarchiv der Stadt Wien findet sich ein

Vermerk, wonach Johann Baptista Podestà, der seit 1674 in Wien unterrichtete, für den Unterricht von Sprachknaben bezahlt wurde (vgl. Peez 1916: 224).

Es war üblich, dass die zukünftigen Dolmetscher in der Residenz des Botschafters ausgebildet wurden. Die Sprachknaben konnten am Institut Sprachkenntnisse erwerben und erste Erfahrungen im Umgang mit der fremden Kultur sammeln (vgl. Zedinger 2010: 221). Sie wurden nach einer langjährigen Ausbildung für einfache Dolmetschdienste herangezogen und arbeiteten als Hilfskräfte beim Internuntius.

In Konstantinopel wurden sie von Lehrern vor Ort unterrichtet und sollten außerdem ihre Sprachkenntnisse durch Besuche von Märkten, Gerichtshöfen und im Kontakt mit der einheimischen Bevölkerung erlangen (vgl. Joukova 2002: 26). So wie die französischen Sprachknaben wurden sie entlohnt (600 Gulden), allerdings konnten sie nicht wirklich davon leben (vgl. Joukova 2002: 27). Es waren vier Sprachknaben, die in den Jahren 1644 bis 1649 an der Internuntiatur unterrichtet wurden.

Die Sprachknaben entsprachen nicht immer den in sie gesetzten Erwartungen. Dazu wurden mehrere Gründe aufgeführt, die immer wieder in den Quellen vorkommen.

Der erste Grund war das Verhalten der Sprachknaben, das mehrmals im Laufe der Jahre bemängelt wurde. Ihnen wurden unmoralisches Verhalten, Lernfaulheit und Ungehorsam vorgeworfen. Diese Problematik wird schon 1649 vom Residenten Reniger erwähnt. Er befürchtete, dass das Fehlverhalten der Sprachknaben seinen Ruf schädigen könnte. Er fragte sich auch, wie der Internuntius Schmid, der für die Sprachknaben zuständig war, dieses Problem lösen wollte. Denn er gab auch zu bedenken, dass eine zu strenge Disziplin kontraproduktiv sein könnte, insbesondere bei den Sprachknaben, die nichts mehr zu verlieren hätte und ihr Glück woanders suchen würden.

> Schon zu Beginn seiner Residentschaft hatte Reninger Sorge, daß die im Hause anwesenden Sprachknaben durch ihr liederliches Leben ihm einmal möchte ‚Spott und Ungelegenheit' verursachen, wie Schmid diese Causa sich angelegen sein ließ, zu ‚remedieren', wiewohl wieder Gefahr bei allzu viel Schärfe bestünde, besonders gegen

> diejenige, ‚die muethwillig und alles leichtlich in die Schanz setzten, auch auff der Welt nichts hätten'. (HHStA T I/ 121, 63f (Schmid,30.4.1649). (Artens-Löckmann 1984: 181)

In den folgenden Jahren versuchte Resident Reniger diese Qualitäts- und Verhaltensprobleme der Sprachknaben zu lösen, indem er die Auswahlkriterien der Sprachknaben und die hierarchische Ordnung in der Ausbildung der Sprachknaben änderte.

> Insofern hatte der kaiserliche Resident dem Hofkriegsrat eine entsprechende Auslese zu treffen vorgeschlagen, in der Weise, daß diejenigen, welche ‚eigentliche profession des Studierens machen und nit Herren und Celibi sein wollen, und die ein solche gnadt erkennen und gwiß kein fleiß ersparen würden…' daß man insofern ‚junge Leut, absonderlich Vasallen – aber keinen Junker – alhier halten und studieren lasse (…) darüber hinaus verspricht sich der Resident bessere Zucht und Ordnung, wenn sie nicht als Ihre Majestät Sprachknaben gehalten, sondern in direktem Dienstverhältnis zum Residenten stehen würden; sie ‚wurden die Sprach leichter ergreiffen, als die türken, ehender reuscieren, wenn nicht andere Spesa notwendig, als jährlich ein schlechtes Kleidel und der Hoggia oder perceptor, so sie lehrt, da sunsten unser Deutschen Bogsade in pelz und seiden auffziehen wollen. (Artens-Löckmann 1984: 182)

Über das Problem des Ansehens der Vertretung der Habsburgermonarchie im Osmanischen Reich hinaus sah sich der Internuntius vor eine weitere Herausforderung gestellt. Ein Teil der Ausbildung der Sprachknaben bestand darin, den Residenten bei offiziellen Empfängen zu begleiten. Dafür benötigte Reniger aber einen eigenen Aufseher für die Sprachknaben, weil diese bei solchen Gelegenheiten damit beschäftigt waren, Streiche zu spielen anstatt zu lernen. Ein solcher zusätzlicher Aufseher war aufgrund der begrenzten Finanzmittel nicht möglich (vgl. Artens-Löckmann 1984: 181).

Der zweite Grund für den Misserfolg war die Betreuung der Sprachknaben durch den Internuntius, die nicht ausreichte. Der Resident konnte aufgrund seiner anderen Aufgaben die Sprachknaben nicht gut genug beaufsichtigen.

Diese Schwierigkeiten und Vorwürfe waren 1753 immer noch nicht gelöst. Der zukünftige Direktor der orientalischen Akademie in Wien, Pater Franz, merkte in einem Bericht an, dass es wichtig wäre, die Sprachknaben an einem

Ort zu unterrichten, wo ihr Benehmen und Fleiß kontrollierbar wären (vgl. Rathkolb 2004: 33).

Pater Franz war ein Jesuitenpriester. Er wurde 1704 geboren und starb 1776. Er gab unter anderem dem Erzherzog Joseph Philosophieunterricht und hatte als Sekretär des Großbotschafters Anton Corfiz Graf Ulfeldt Türkisch gelernt.

In seinem Schreiben an Maria Theresia führt er verschiedene Gründe an, warum die Ausbildung effizienter wäre, wenn sie in Wien stattfinden würde, unter anderem wäre es leichter, die Sprachknaben mit mehr Fürsorge zu betreuen.

> In der Ausbildungspraxis der erwähnten *Sprachknaben* an der kaiserlichen Internuntiatur in Konstantinopel war es im Laufe der Zeit jedoch zu Unzulänglichkeiten gekommen, denen der Jesuitenpater nicht länger zusehen konnte und wollte: Gegen die Sprachausbildung habe er zwar nichts einzuwenden, *Die Sprachmeister sind zahlreich und die Übung in der Landessprach' ist zu Konstantinopel täglich,* aber es mangle an der nötigen *geziemenden Fürsorg* durch den Internuntius in Konstantinopel. Diesen persönlich träfe daran wenig Schuld, seien doch seiner zahlreichen Amtspflichten *mit dem Schulmester-Amt nicht leicht zu vereinigen.* (Petritsch, 2005: 492)

Drittens wurden die Internuntien der Korruption verdächtigt. Pater Franz warf den Internuntien vor, sich an den Sprachknaben bereichert zu haben Der Internuntius erhielt von jedem Sprachknaben eine gewisse Summe für die Miet- und Essenskosten. Je mehr Sprachknaben in der Internuntiatur untergebracht waren, desto mehr Geld erhielt der Internuntius. Manchmal wurde nicht auf die Qualität der Ausbildung der Sprachknaben geachtet, sondern mehr auf eine möglichst große Anzahl von Sprachknaben. Außerdem war er alleinverantwortlich für den Unterricht, hatte aber nicht das Wissen und die Mittel dazu (vgl. Rathkolb 2004: 30).

Die Auswahl der Sprachknaben erfolgte nicht immer aufgrund von ihren Fähigkeiten, so dass sie nach der Ausbildung nicht eingesetzt werden konnten. Manchmal wurden auf Wunsch von einflussreichen Menschen ungeeignete Kandidaten geschickt, die den Ansprüchen der Ausbildung nicht gerecht wurden. Sie konnten aber aufgrund ihrer einflussreichen Gönner nicht so schnell entlassen werden.

> In seiner *Alleruntertänigsten Anmerkung* macht er den Internuntien schließlich sogar unterschwellig den Vorwurf, sie hätten sich an der hohen *großmütig begnadigten* Besoldung von jährlich 600 fl. insofern bereichert, als sich die ursprüngliche Anzahl von sechs Sprachknaben im Laufe der Zeit verdoppelt habe. Überdies seien auch völlig ungeeignete *Sprachnaben* [...] ausgebildet worden. Es sei kein Wunder, dass manche dieser Sprachknaben nach vielen Lehrjahren wegen offenkundiger Unfähigkeit entlassen werden mussten. (Petritsch 2005: 492)

Viertens waren die Kosten einer solchen Ausbildung in Konstantinopel hoch und Pater Franz errechnete, dass die Ausbildung der Sprachknaben in Wien günstiger als in Konstantinopel wäre.

> Sein zweites Argument sprach die bekannte Sparsamkeit von Maria Theresia an. Die Ausbildung von acht auszubildenden Sprachknaben in Wien werde das Hohe Ärar [sic!] alles in allem jährlich nur mit 3.000 Gulden belasten, die Ausbildung derselben Anzahl käme in Konstantinopel hingegen um 1.800 Gulden teurer! (Petritsch 2005: 493)

Viel mehr als die Ausbildung selbst wurden die Organisation, die Auswahlkriterien und die Struktur derselben stark kritisiert. Es handelte sich bei den Sprachknaben um Kinder, die ausgebildet werden mussten und die sich nach dieser Ausbildung als professionell, zuverlässig und loyal erweisen mussten.

Es scheint, als wurde damals schon eine wichtige Erkenntnis in Bezug auf Pädagogik gewonnen. Es wurde schnell erkannt, dass die Sprachknaben einen gewissen Rahmen brauchten, um erfolgreich ausgebildet werden zu können.

> Die ‚Quelle dieses schlechten Fortganges' liege in dem unrichtigen System. Der Resident bemühe sich, die jungen Leute zweckdienlich in die Geschäfte einzuführen und sie für ihr späteres Amt abzurichten, aber ‚der Resident ist kein Schulmeister' und in seinem Hause, wo die Jünglinge in empfänglichen Alter ausgebildet werden sollen, haben sie zuviel Gelegenheit zu Schmausereien und Trinkgelagen, welche ihren Sitten nicht förderlich sind, daher weiderholt Sprachknaben wegen Ungebühr entlassen werden mußten und die hohen, auf ihre Person ausgelegten Spesen unwiderruflich verloren gingen, Doch treffe den Residenten hierbei weniger Schuld, da ihm weiderholte durch Empfehlungen hochgestellter und einflußreicher Herren auch unwürdigen Men-

schen von 24 und 30 Jahren als Sprachknaben aufgezwungen wurden, mit denen sich nachher kein Erfolg erzielen ließ. (Peez 1916: 226)

Neben diesen Anmerkungen von Pater Franz haben auch politische Veränderungen eine Rolle gespielt. Die Gründe der Schließung des Instituts in Konstantinopel könnten in der Entwicklung Österreichs zu einem zentralistischen Staat liegen. Aufgrund dessen war eine Reform des Bildungssystems notwendig (vgl. Knoll 1999: 6). Gehorsamkeit und das Befolgen von Befehlen wurde ein Kernpunkt der Bildungsziele, damit eine schnelle Integration in Ämter der Regierung möglich war (vgl. Knoll 1999: 8).

Genau dieses Wort – Gehorsamkeit – verwendet auch Pater Franz in seinem Schreiben an Maria Theresia als Argument für die Ansiedlung des Sprachknaben-Instituts in Wien. Die Habsburger unterstützten diese Ausbildung auch nicht mit dem nötigen Ernst und finanziellen Mitteln, was zum Misserfolg beigetragen hat. Bis zum 16. Jahrhundert lag der Schwerpunkt der Außenbeziehungen der Habsburgermonarchie auf Mittel- und Westeuropa. Es gab damals genug Persönlichkeiten mit den entsprechenden Sprachkenntnissen, um diplomatische Beziehungen zu unterhalten.

Außerdem herrschte im 17. Jahrhundert eine Abwehrhaltung gegenüber dem Osmanischen Reich, die bis zur zweiten Belagerung Wiens 1683 und zu den Friedensverträgen von Karlowitz im Jahr 1669 und Passarowitz im Jahr 1718 andauerte.

Deshalb war eine geringe Anzahl von Dolmetschern für die Verhandlungen mit dem Osmanischen Reich ausreichend. Die Habsburgermonarchie bildete daher nur wenige Dolmetscher in Konstantinopel aus.

> Der Erfolg scheint begrenzt gewesen zu sein, denn die Anwesenheit von „Sprachknaben" im Hause der Missionschefs und ihr Hang, sich das Leben angenehm zu gestalten, führte mehr zu Beschwerden zwischen ihren Vorgesetzten und den Regierungsstellen in Wien als zu einer verlässlichen Ausbildung. (Pfusterschmid-Hardtenstein 2008b: 175)

Dennoch ist aus der Literatur nicht klar ersichtlich, warum sich Pater Franz dafür aussprach, das Institut in Konstantinopel zu schließen. Er hatte selbst am Sprachknaben-Institut in Konstantinopel Türkisch gelernt und seine Kenntnisse erfolgreich eingesetzt, trotzdem wartete er zwölf Jahre, um sich über die Unzulänglichkeiten der Ausbildung beim Internuntius zu beschweren (vgl. Zedinger 2010: 236).

Die genauen Gründe der Schließung des Sprachknaben-Instituts als einzige Ausbildungsstätte für die angehenden Dragomane sind jedoch schwierig festzumachen, da sich die Quellen manchmal gegenseitig widersprechen bzw. die älteren Quellen mehr Informationen enthalten. Allerdings sind ihre Behauptungen manchmal schwer nachzuvollziehen, da die wissenschaftlichen Standards und Ansprüche sich im Laufe der Zeit geändert haben. Es kann aber trotzdem vermutet werden, dass es im 19. Jahrhundert oder Anfang des 20. Jahrhunderts wesentlich mehr Personen gab, die mit den Unterlagen aus dem 17. Jahrhundert umgehen konnten und dass die Informationsquellen bekannter waren als heutzutage. Dieser Punkt wird im Schlusswort näher erläutert.

In den unten angeführten Quellen zur Schließung des Sprachknaben-Instituts in Konstantinopel sehen wir, wie viel genauer die älteste Quelle aus dem Jahr 1876 im Vergleich zu der neuesten Quelle aus dem Jahr 1999 ist.

Barb schilderte 1876 genau, warum das Sprachknaben-Institut nicht den Erwartungen gerecht werden konnte und erklärte, dass einerseits der Mangel an Organisation und die fehlerhafte Leitung es unmöglich machten, den Zweck des Instituts zu erfüllen und andererseits die Lebensumstände in Konstantinopel und die verschiedenen Einflüsse, denen die Sprachknaben ausgesetzt waren, ihre Entwicklung beeinträchtigte. Die Schwierigkeiten führte er als logische Gründe an, dass die Ausbildung nicht mehr in Konstantinopel stattgefunden hat, sondern in Wien in einer neuen Schule für den Dolmetschdienst im Orient (vgl. Barb 1876: 12). Peez war aber 1916 nicht mehr so genau in seiner Schilderung.

> Bekanntlich haben diese Mißverhältnisse dazu geführt, daß 1754 das Sprachknaben-Institut bei der kais. Residentur an der Hohen Pforte aufgehoben und an dessen Stelle

> die Orientalische Akademie in Wien als Pflanzstätte für die Sprachknaben des auswärtigen Dienstes errichtet wurde. (Peez 1916: 226)

Knoll stellte 1999 noch ungenauer fest: „Diese und andere Gründe waren ausschlaggebend für die Aufhebung des Sprachknaben-Institutes; was aber den eigentlichen und unmittelbaren Anlass zu dieser Verfügung gebildet hat, ist nicht mehr festzustellen.“ (Knoll 1999: 17).

Klar ist, dass die Ausbildung der Sprachknaben ab Mitte des 18. Jahrhunderts hauptsächlich in Wien erfolgte, und dass die Zöglinge trotzdem nach Konstantinopel zu vertiefender Praxis geschickt wurden, um ihre Sprachkenntnisse zu verbessern.

> Schließlich musste auch Pater Franz einräumen, dass ein Praktikum in Konstantinopel für die künftigen Dolmetscher äußerst nützlich und sogar unbedingt notwendig wäre: Nach Beendigung ihrer Sprachausbildung sollten die zwei besten der acht Sprachknaben nach Konstantinopel entsandt werden, um in Begleitung des k. k. Dolmetschers auch die türkische Landesart, das Hofzeremoniell und die allda gemächlichen Höflichts- und Besuchungs-Gebräuche begreifen zu können. (Petritsch 2005:494)

3.5. Rückverlegung der Ausbildung nach Europa

Aufgrund der unzufriedenstellenden Ergebnisse der Ausbildung in Konstantinopel wurde nicht nur von der Habsburgermonarchie sondern auch von den anderen Mächten beschlossen, die Sprachknaben in Europa auszubilden (vgl. Gauthier, Testa 2003: 56).

Im Laufe des 17. und 18. Jahrhunderts verfestigten sich die Strukturen der verschiedenen Staaten in Europa und deren Macht wurde immer mehr zentralisiert. So wurden Berufsbeamte gebraucht, die sich um diese neue Verwaltung zu kümmern hatten. Österreich entwickelte sich zu einem absolutistisch-zentralistischen Behörden- und Beamtenstaat.

Die Arbeit der Dragomane erforderte auch sehr viel Geschick, da sie nicht nur mit Dolmetschen und Übersetzen, sondern auch mit diplomatischen Verhandlungen beauftragt wurden. Es war demnach von hoher Wichtigkeit, dass die Ausbildung unter anderem auch eine Einführung in die politische Struktur des

Staates enthielt. Dies war nur in Europa möglich, im Falle der Habsburger deswegen, weil in Wien der Zugang zur Hofkanzlei gewährleistet war.

Die Entscheidung Frankreichs, das Sprachknaben-Institut in Paris anzusiedeln, beruhte auf der Gründung einer orientalischen Schule in Oxford, wo griechische Jungen kostenlos ausgebildet wurden. Die Franzosen fürchteten die Konkurrenz Englands, da England die Schüler den Kapuzinern abwarben, um sie in England als Anglikaner und Missionare auszubilden (vgl. Pippidi 1995: 134). Die ursprüngliche Idee war das Institut in Marseille anzusiedeln, schlussendlich wurde es aber in Paris gegründet. Im Zuge dessen wurde auch zum ersten Mal über die Rekrutierung und das Anforderungsprofil der Sprachknaben nachgedacht. Die künftigen Sprachknaben mussten nun Interesse für eine Karriere in einem katholischen Orden aufweisen, für Naturwissenschaftsstudien begabt, französischer Herkunft mütterlicher- und väterlicherseits, zwischen 10 und 18 Jahre alt und gesund sein. Der Konsul und die Jesuiten waren für die Auswahl zuständig. Hier wird sehr klar, welche politische Bedeutung die Bildung zukünftiger Dragomane hatte (vgl. Ter Minassian 1995: 222).

Ähnlich zu den Überlegungen von Pater Franz aus Österreich kamen die Geistlichen, vor allem die Jesuiten, darauf, dass es notwendig war, die Sprachknaben in Europa auszubilden, um sie gemäß der katholischen Sitten zu erziehen (vgl. Pippidi 1995: 134).

Das Sprachknaben-Institut Venedigs existierte weiterhin in Konstantinopel, brachte aber keinen Erfolg mehr und verschwand allmählich parallel zum Machtverlust Venedigs im Mittelmeer. Polen gründete später im 18. Jahrhundert eine diplomatische Schule nach den Modellen von Frankreich und der Habsburgermonarchie.

Somit endete im 18. Jahrhundert die Gepflogenheit, europäische Sprachknaben in Konstantinopel auszubilden, sie wurden nur noch zu vertiefender Praxis nach Konstantinopel geschickt. Die Ausbildung erfolgte also großteils in Europa in der neu gegründeten Orientalischen Akademie in Wien und in der École de Langues in Paris.

4. Schlussbemerkungen

Die Umbrüche im 16. Jahrhundert und die neue politische und wirtschaftliche Ordnung im 17. Jahrhundert bildeten den historischen Kontext für die Entwicklung des Berufs der europäischen Dragomane. Die Darstellung der historischen, wirtschaftlichen und kulturellen Gegebenheiten des Zeitraums ist wichtig, um die Notwendigkeit der Entstehung eigener Sprachschulen zu verstehen. Durch das Ende des oströmischen Reiches und das Herandrängen des osmanischen Reiches bis nach Wien geriet das damalige Weltgefüge in große Turbulenzen.

Die damaligen Hauptakteure – Venedig, Frankreich, die Habsburgermonarchie – mit ihren Beziehungen untereinander und zum Osmanischen Reich prägten die geopolitischen Ereignisse im östlichen Mittelmeer sowie in Südosteuropa.

Während einerseits immer noch versucht wurde, Konflikte ausschließlich militärisch zu lösen, entstand andererseits mit dem Aufkommen diplomatischer Bemühungen ein weiteres Mittel, das Gleichgewicht des Weltordnungssystems oder den Frieden wiederherzustellen. Es wurde immer notwendiger, auf kultureller und diplomatischer Ebene mit dem Osmanischen Reich Kontakte zu pflegen. Durch die Anfänge der Diplomatie benötigte man Verhandler, Botschafter und Gesandte, um Verträge auszuhandeln.

Diese Verträge beinhalteten nicht nur Friedensschlüsse, sondern waren auch Abkommen den Handel betreffend, wie in den sogenannten Kapitulationen von Frankreich mit dem osmanischen Reich ersichtlich wurde.

Für das Dolmetschen dieser Verhandlungen wurden levantinische Dragomane eingesetzt, deren Loyalität allerdings angezweifelt wurde. Dies führte zur Gründung der Sprachknaben-Institute in Konstantinopel, an die europäische Jünglinge zur Ausbildung geschickt wurden. Bei den Verhandlungen mit dem osmanischen Reich konnte man nicht auf die lingua franca zurückgreifen, in der damals generell innereuropäische Konflikte verhandelt wurden. Einerseits weigerte sich der Sultan, Verhandlungen in einer anderen als der türkischen Sprache zu führen, andererseits handelte es sich beim osmanischen Reich um eine sogenannte fremde Kultur, die den Europäern nicht vertraut war. Deswegen wurde die Idee aufgegriffen, die Sprachknaben-Institute direkt in Konstantinopel anzusiedeln, damit neben der Sprache auch Kenntnisse der Kultur und der Sitten erlernt werden konnten. Allerdings hatten diese Institute nur mäßigen Erfolg, die Überforderung durch zusätzliche diplomatische Aufgaben war zu groß und bald stellte sich auch der Religionskonflikt ein, da man die Dragomane auch zu christlicher Missionierung benutzen wollte.

Schließlich wurden die Sprachknaben-Institute am Anfang bzw. in der Mitte des 18. Jahrhunderts aus pragmatischen Gründen in Europa angesiedelt, nach nur einem guten Jahrhundert des Wirkens in Konstantinopel.

Diese Institute sind als Vorläufer der Orientalischen Akademie in Wien und der École des Jeunes de Langues in Paris anzusehen. Nicht zu unterschätzen ist ebenfalls ihre Wirkung auf die Methoden des Spracherwerbs. Sie warfen damals spannende Fragen auf, die heute noch aktuell sind. So wurde unter anderem zum ersten Mal die Frage diskutiert: Sollen in der Sprachlehre nur Sprachen oder Sprache und Kultur eines Landes unterrichtet werden, um als Dolmetscher über die notwendigen Kenntnisse zur Ausübung der Tätigkeit zu verfügen? Damals wurden die Weichen für die Ausbildung von Dolmetschern und Diplomaten gestellt, die bis heute Gültigkeit haben.

Die verschiedenen Sprachknaben-Institute in Konstantinopel, betrieben von den Venezianern, den Polen, den Franzosen und den Habsburgern, sind in der Literatur unterschiedlich gut dokumentiert. Das Hauptaugenmerk der Arbeit lag auf dem Sprachknaben-Institut der Habsburgermonarchie, die Recherchen zu diesem Thema gestalteten sich allerdings schwierig. Das Thema wird in den verschiedenen Quellen meistens in den Fächern Geschichte, Ethnologie, Politik, Orientalistik, aber kaum in der Sprach- oder Dolmetschwissenschaft bearbeitet. Es gibt wenige Werke, außer jenen von Gautier, Testa, Hitzel und Kurz, die sich interdisziplinär mit dem Thema Dragomane oder Sprachknaben auseinandersetzen.

Andererseits liegt das Problem auch an den wenigen Primärquellen. Es wurde seitens der Gesandten und Machtträger der Habsburgermonarchie viel weniger berichtet und aufgezeichnet als es in Venedig oder Frankreich der Fall gewesen ist. Darüber hinaus existieren manche Dokumente nicht mehr oder sind nicht mehr zu finden, wie Wagner (1984) berichtet: „Ein Vergleich mit den im Urkundenanhang der Czernin'schen Tagebuch-Ausgabe befindlichen Stücke zeigt, daß sich die meisten mit den Archivalien decken, aber doch eine Reihe von ihnen nicht im HHStA[7]zu finden sind" (1984: 347).

Das Gründungsjahr des Sprachknaben-Instituts der Habsburgermonarchie ist in der Literatur nicht eindeutig festzulegen, in den verschiedenen Quellen werden unterschiedliche Jahreszahlen genannt. Nach langer Recherche stieß ich im Buch von Helmut Glück (2002) „Deutsch als Fremdsprache in Europa vom Mittelalter bis zur Barockzeit", auf die Jahreszahl 1650. Glück erwähnt dies allerdings nur in einer Fußnote: „Das ‚Sprachknaben-Institut' des Wiener Hofes wurde um 1650 bei der ‚Internuntiatur' in Konstantinopel eingerichtet." (2002: 211).

Mit diesem Datum konnte ich den Aufsatz von Wagner (1984) „Österreich und die Osmanen im Dreißigjährigen Krieg. Hermann Graf Czernins Großbotschaft nach Konstantinopel 1644/45" finden. In diesem Aufsatz findet sich auf Seite 339 ebenfalls in einer Fußnote ein Hinweis auf das Werk von Hammer-Purgstall „Khlesl's, des Cardinals, Directors des geheimen Cabinetes Kaisers Mathias, Leben", das den Reisebericht von Großbotschafter Czernin von Chudenich enthält. Erst in diesem Werk fand sich ein schlüssiger Hinweis auf die Gründung des Sprachknaben-Instituts, allerdings im Jahre 1645, was bisherigen Annahmen widerspricht, die die Gründung erst später belegt sehen. Ab diesem Zeitpunkt und mit dem genauen Gründungsjahr des Sprachknaben-Instituts der Habsburgermonarchie konnte ich viele Lücken schließen und sowohl eine chronologische Entwicklung der Funktion des Hofdolmetschers am Wiener Hof vom 14. bis zum 18. Jahrhundert belegen, als auch Primärquellen, die zu einigen Sprachknaben im 17. Jahrhundert sowie zu Lehrmethoden und Schwierigkeiten des Instituts selbst schlüssige Informationen liefern, finden.

---

7 HHStA ist die Abkürzung für das österreichische Haus-, Hof- und Staatsarchiv.

Diese Primärquellen sind insbesondere im Aufsatz von Gunnar Hering, im Werk von Meienberger und in der Dissertation von Arens-Löckermann zitiert. Mithilfe dieser Hinweise könnten wahrscheinlich zusätzliche Informationen zu den Sprachknaben und deren Karriere gefunden werden.

Das Thema Sprachknaben ist wie oben erwähnt in vielen Fachbereichen untersucht worden, aber seinem dolmetschwissenschaftlichen Aspekt wurde bis jetzt wenig Beachtung geschenkt. Es mag einerseits daran liegen, dass die Dolmetschwissenschaft ein junges Fach ist, andererseits aber auch an den „vergessenen“ Quellen. Es war im Rahmen dieser Arbeit spannend festzustellen, dass die älteren Quellen teilweise genauer und detailreicher als die neueren sind. Es ist anzunehmen, dass viel Material noch unentdeckt im Staatsarchiv und im Kriegsarchiv liegt, das neue Erkenntnisse in der Ausbildung der Sprachknaben bringen könnte, insbesondere was den Inhalt, die Struktur, die Organisation der Ausbildung sowie die Beziehungen zwischen dem Hofdolmetscher in Wien und dem Internuntius in Konstantinopel betrifft, da manche Sprachknaben in Wien unterrichtet wurden, bevor sie nach Konstantinopel geschickt wurden, andere wurden nur in Konstantinopel ausgebildet.

Interessanterweise zeigen eben diese Primärquellen, dass bereits in den Anfangszeiten des Sprachknaben-Instituts der Habsburgermonarchie die gleichen Aspekte bemängelt wurden, die zur Schließung des Instituts geführt haben. Damit können auch einige Thesen widerlegt werden, wonach die Gründe der Schließung des Instituts nicht klar ersichtlich waren.

Die Sprachknaben-Institute existierten einige Jahre in Konstantinopel als einzige Ausbildungsstätte für angehende Dolmetscher. Sie rückten allmählich ins Zentrum großer Kritik, so dass beschlossen wurde, die Dragomane in den jeweiligen Ländern auszubilden. So entstand Anfang des 18. Jahrhunderts die École des Jeunes de Langues in Paris, die später zu der École spéciale des Langues Orientales wurde. 1754 wurde in Wien die Orientalische Akademie von Maria-Theresia gegründet und das Sprachknaben-Institut in Konstantinopel diente nur noch als Standort für ein vertiefendes Praktikum für die Sprachknaben nach ihrer abgeschlossenen Ausbildung in Wien.

Bibliographie

Ağildere, Suna Timur (2009) Les interprètes au carrefour des cultures ou les drogmans dans l'Empire ottoman (XVIe – début du XXe siècle). *Babel* 55 (1), 1–19.

Artens-Löckmann, Edeltraud (1984) *Simon Reningers Residentschaft in Konstantinopel 1649 bis 1665: Beitreige zu den österreichisch-türkischen Beziehungen in der 2. Hälfte des 17. Jahrhundert.* Dissertation, Universität Wien.

Babinger, Franz (1919) Die türkischen Studien in Europa bis zum Auftreten Josef von Hammer-Purgstall. *Zeitschrift der deutschen Gesellschaft für Islamkunde* 7 (3/4), 103–129.

Barb, Heinrich A. (1876) *Über die Zwecke der k. und k. orientalischen Akademie*. Wien: Verlag der k. u. k. orientalischen Akademie.

Bély, Lucien (1991) Busbecq diplomate. In: Rousseau (éd.) *Sur les traces de Busbecq et du gotique.* Lille: Presses Universitaires de Lille, 41–54.

Bély, Lucien (2007) *L'art de la paix en Europe. Naissance de la diplomatie moderne, XVIe–XIXe siècle*. Paris: Presses Universitaires de France.

Bély, Lucien (2011) La maison d'Autriche face à la maison de France au XVIIe siècle: Liens personnels, affrontements politiques et négociations diplomatiques. In: Martínez Millán (éd.) *La dinastía de los Austria: las relaciones entre la monarquía católica y el imperio* (2). Madrid: Ed. Poliferno, 1157–1170.

Benaglia, Giovanni (1687) *Außführliche Reißbeschreibung von Wien nach Constantinopel (etc.)*. Franckfurt: Matth. Wagner.

Bérenger, Jean (1995) La politique ottomane de la France dans les années 1680. In: Babel (Hg.) *Frankreich im europäischen Staatensystem der frühen Neuzeit.* Sigmaringen: Thorbecke, 87–108.

Boppe-Vigne, Catherine (1995) L'iconographie des drogmans au XVIIIe siècle. In: Hitzel (éd.) *Istanbul et les langues orientales: actes de colloque organisé par l'IFÉA et l'INALCO à l'occasion du bicentenaire de l'École des Langues Orientales; Istanbul 29 – 31 mai 1995.* Paris: Éds. L'Harmattan, 257–270.

Buchmann, Bertrand Michael (1999) *Österreich und das Osmanische Reich. Eine bilaterale Geschichte*. Wien: Wiener Universitätsverlag.

Cáceres-Würsig, Ingrid (2012) The jeunes de langues in the eighteenth century Spain's first diplomatic interpreters on the European model. *Interpreting* 14 (2), 127–144.

Camarriano, Nestor (1970) *Alexandre Mavrocaordato, le grand drogman*. Thessaloniki: Institute for Balkan Studies.

Caspar, Pierre (1995) La Convention et les Écoles de l'an III. In: Hitzel (éd.) *Istanbul et les langues orientales: actes de colloque organisé par l'IFÉA et l'INALCO à l'occasion du bicentenaire de l'École des Langues Orientales; Istanbul 29 – 31 mai 1995.* Paris: Éds. L'Harmattan, 13–22.

Czernin, Hermann Wenzel (1879) *Zweite Gesandschaftsreise des Grafen Hermann Czernin von Chudenic nach Constantinopel im Jahre 1644*. Neuhaus: Landfrass.

Delanty, Gerard (1995) *Inventing Europe: idea, identity, reality*. Basingstoke [u.a.]: Macmillan.

Delisle, Jean (2001) L'évaluation des traductions par l'historien. *META* 46 (2), 209–226.

Erkens, Franz-Reiner (1997) Europa und die osmanische Expansion im ausgehenden Mittelalter. *Zeitschrift für historische Forschung* (20), 1–15.

Erlach, Daniela (1988) *Die Orientalische Akademie in Wien*. Diplomarbeit, Universität Wien.

Gauthier, Antoine & Testa, Marie (2003) *Drogmans et diplomates européens auprès de la Porte ottomane*. Istanbul: Éditions Isis.

Glück, Helmut (2002) *Deutsch als Fremdsprache in Europa vom Mittelalter bis zur Barockzeit*. Berlin [u.a.]: de Gruyter.

Gräf, Holger Th. (2005) ‚Erbfeind der Christenheit' oder potentieller Bündnispartner? Das Osmanenreich im europäischen Mächtesystem des 16. und 17. Jahrhunderts – gegenwartspolitisch betrachtet. In: Kurz (Hg.) *Das Osmanische Reich und die Habsburgermonarchie: Akten des Internationalen Kongresses zum 150-jährigen Bestehen des Instituts für Österreichische Geschichtsforschung; Wien, 22. – 25. September 2004*. Wien [u.a.]: Oldenburg, 37–52.

Groot, Alexander H. de (2005) Die Dragomane 1700–1869. Zum Verlust ihrer interkulturellen Funktion. In: Kurz (Hg.) *Das Osmanische Reich und die Habsburgermonarchie: Akten des Internationalen Kongresses zum 150-jährigen Bestehen des Instituts für Österreichische Geschichtsforschung; Wien, 22. – 25. September 2004*. Wien [u.a.]: Oldenburg, 473–490.

Haider-Wilson, Barbara (2005) Das Kultusprotektorat der Habsburgermonarchie im Osmanischen Reich. Zu seinen Rechtsgrundlagen und seiner Instrumentalisierung im 19. Jahrhundert (unter besonderer Berücksichtigung Jerusalems). In: Kurz (Hg.) *Das Osmanische Reich und die Habsburgermo-*

narchie: Akten des Internationalen Kongresses zum 150-jährigen Bestehen des Instituts für Österreichische Geschichtsforschung; Wien, 22. – 25. September 2004. Wien [u.a.]: Oldenburg, 121–148.

Hamilton, Alastair (2009) Michel d'Asquier, imperial interpreter and bibliophile. *Journal of the Warburg and Courtauld Institutes* (72), 237–241.

Hammer-Purgstall, Josef v. (1850) *Khlesl's, des Cardinals, Directors des geheimen Cabinetes Kaisers Mathias, Leben.* Band 3, Wien: Kaulfuß Wtw.

Hassinger, Herbert (1942) Die erste Wiener orientalische Handelskompagnie 1667 – 1683. *Vierteljahrschrift für Sozial- und Wirtschaftsgeschichte* 35 (1), 1–53.

Helmrath, Johannes (2005) Enea Silvio Piccolomini (Pius II.) – Ein Humanist als Vater des Europagedankens? In: Hohls, Rüdiger, Schröder, Iris & Siegrist, Hannes (Hg.) *Europa und die Europäer. Quellen und Essays zur modernen europäischen Geschichte.* Stuttgart: Franz Steiner Verlag, 361–366.

Hering, Gunnar (1994) Panagiotis Nikousios als Dragoman der Kaiserlichen Gesandtschaft in Konstantinopel. In: W. Hörandner, J. Koder & O. Kresten (Hg.) *Jahrbuch der Österreichischen Byzantinistik, Andrias Herbert Hunger zum 80. Geburtstag.* Wien: Osterreichische Akademie der Wissenschaften, 143–178.

Hiller, Istvan (2011) Frieden und Feindbild. Habsburgische Verhandlungsstrategien mit dem Osmanischen Reich in der Frühen Neuzeit (1588–1697). In: Kropf, Rudolf, Wagner, Margarete (Hg.) *Si vis pacem...? Bemühungen um Friedenssicherung im pannonischen Raum vom Mittelalter bis zur Gegenwart: Tagungsband der 17. Schlaininger Gespräche 1997 (22. – 25. September 1997).* Eisenstadt: Amt der Burgenländischen Landesregierung, Abt. 7 – Landesmuseum, 38–54.

Hitzel, Frédéric (1995) *Enfants de langue et drogmans*. İstanbul: Yapı Kredi Yayınları.

Joukova, Alexandra (2002) *Dolmetscher- und Sprachausbildung an der orientalischen bzw. diplomatischen Akademie in Wien*. Masterarbeit, Universität Wien.

Knoll, Katja Maria (1999) *Neue Eliten im Staatsdienst. Die Sprachknaben der Orientalischen Akademie*. Diplomarbeit, Universität Graz.

Krauske, Otto (1885) *Die Entwicklung der ständigen Diplomatie von 15. Jahrhundert bis zu den Beschlüssen von 1815 und 1818*. Leipzig: Duncker & Humblot.

Kurz, Marlene, Scheutz, Martin, Vocelka, Karl & Winkelbauer, Thomas (2005) Das Osmanische Reich und die Habsburgermonarchie. In: Kurz (Hg.) *Das Osmanische Reich und die Habsburgermonarchie: Akten des Internationalen Kongresses zum 150-jährigen Bestehen des Instituts für Österreichische Geschichtsforschung; Wien, 22. – 25. September 2004.* Wien [u.a.]: Oldenburg, 12–23.

Lucchetta, Francesca (1989) La Scuola dei "Giovani di lingua" veneti nei secoli XVI e XVII. *Quaderni di Studi Arabi* (7), 19–40.

Majda, Tadeusz (1995) L'École polonaise des langues orientales d'Istanbul au XVIIIe siècle. In: Hitzel (éd.) *Istanbul et les langues orientales: actes de colloque organisé par l'IFÉA et l'INALCO à l'occasion du bicentenaire de l'École des Langues Orientales; Istanbul 29 – 31 mai 1995.* Paris: Éds. L'Harmattan, 123–130.

Mantran, Robert (1995) L'École des Jeunes de Langues: l'exemple vénitien. In: Hitzel (éd.) *Istanbul et les langues orientales: actes de colloque organisé par l'IFÉA et l'INALCO à l'occasion du bicentenaire de l'École des*

Langues Orientales; Istanbul 29 – 31 mai 1995. Paris: Éds. L'Harmattan, 105–104.

Marghetitch, S.G. (1898) *Études sur les fonctions des drogmans des missions diplomatiques ou consulaires en Turquie*. Istanbul: Editions Isis.

Meienberger, Peter (1973) *Johann Rudolf Schmid zum Schwarzenhorn als kaiserlicher Resident in Konstantinopel in den Jahren 1629–1643*. Bern: Herbert Lang.

Müller, Klaus (1976) *Das kaiserliche Gesandtschaftswesen im Jahrhundert nach dem westfälischen Frieden: (1648–1740)*. Bonn: Röhrscheid.

Müller, Ralf C. (2005) Der umworbene ‚Erbfeind': Habsburgische Diplomatie an der Hohen Pforte vom Regierungsantritt Maximilians I. bis zum ‚Langen Türkenkrieg' – ein Entwurf. In: Kurz (Hg.) *Das Osmanische Reich und die Habsburgermonarchie: Akten des Internationalen Kongresses zum 150-jährigen Bestehen des Instituts für Österreichische Geschichtsforschung; Wien, 22. – 25. September 2004*. Wien [u.a.]: Oldenburg, 251–280.

Norton, Claire (2005) 'The Lutheran is the Turks' luck': Imagining Religious Identity, Alliance and Conflict on the Habsburg-Ottoman Marches in an Account of the Sieges of Nagykanizsa 1600 and 1601. In: Kurz (Hg.) *Das Osmanische Reich und die Habsburgermonarchie: Akten des Internationalen Kongresses zum 150-jährigen Bestehen des Instituts für Österreichische Geschichtsforschung; Wien, 22. – 25. September 2004*. Wien [u.a.]: Oldenburg, 67–82.

Palumbo Fossati Casa, Isabella (1995) L'École des Jeunes de Langues: l'exemple vénitien. In: Hitzel (éd.) *Istanbul et les langues orientales: actes de colloque organisé par l'IFÉA et l'INALCO à l'occasion du bicentenaire de l'École des Langues Orientales; Istanbul 29 – 31 mai 1995*. Paris: Éds. L'Harmattan, 109–122.

Peez, Karl v. (1916) Die kleineren Angestellten Kaiser Leopolds I. in der Türkei. *Archiv für österreichische Geschichte / Österreichische Akademie der Wissenschaften, Philosophisch-Historische Klasse, Historische Kommission* (105), 211–227.

Petritsch, Ernst Dieter (1977) *Beiträge zur Diplomatie Ferdinand I. an der Hohen Pforte – Das Gesandtenwesen 1545 – 1547*. Prüfungsarbeit am Institut für Österreichische Geschichtsforschung, Wien.

Petritsch, Ernst Dietrich (1987) Die Wiener Turkologie vom 16. bis 18. Jahrhundert. In: Kreiser (Bearb.) *Germano-Turcica: zur Geschichte des Türkisch-Lernens in den deutschsprachigen Ländern; Ausstellung des Lehrstuhls für Türkische Sprache, Geschichte und Kultur der Universität Bamberg; Universitätsbibliothek Bamberg, 7. – 31.7.1987.* Bamberg: Universitätsbibliothek Bamberg, 25–40.

Petritsch, Ernst Dieter (1991) Osmanische Urkunden. Regesten der Osmanischen Dokumente im Österreichischen Staatsarchiv 1. (1480–1574). *Mitteilungen des österreichischen Staatsarchivs (Ergänzungsband X/1)*, 1–306.

Petritsch, Ernst Dieter (2005) Erziehung in ‚guten Sitten, Andacht und Gehorsam'. Die 1754 gegründete Orientalische Akademie in Wien. In: Kurz (Hg.) *Das Osmanische Reich und die Habsburgermonarchie: Akten des Internationalen Kongresses zum 150-jährigen Bestehen des Instituts für Österreichische Geschichtsforschung; Wien, 22. – 25. September 2004.* Wien [u.a.]: Oldenburg, 491–502.

Picavet, C. G. (1930) *La diplomatie francaise au temps de Louis XIV* (1661–1715). Paris: Librairie Félix Alcan.

Pippidi, Andrei (1980) *Hommes et idées du Sud-Est européen à l'aube de l'âge moderne.* Paris: Éditions du CNRS.

Pippidi, Andrei (1995) Drogmans et enfants de langue: la France de Constantinople au XVIIe siècle. In: Hitzel (éd.) *Istanbul et les langues orientales: actes de colloque organisé par l'IFÉA et l'INALCO à l'occasion du bicentenaire de l'École des Langues Orientales; Istanbul 29 – 31 mai 1995.* Paris: Éds. L'Harmattan, 131–140.

Pfusterschmid-Hardtenstein, Heinrich (2008a) *Kleine Geschichte der Diplomatischen Akademie Wien: Ausbildung im Bereich der internationalen Beziehungen seit 1754.* Wien: Diplomatische Akademie Wien.

Pfusterschmid-Hardtenstein, Heinrich (2008b) Die Orientalische Akademie in Wien. Vorbild für die Nachfolgenden: Konsularakademie und Diplomatische Akademie. In: Galter, Hannes, Haas, Siefgried (Hg.) *Joseph von Hammer-Purgstall. Grenzgänger zwischen Orient und Okzident.* Graz: Leykam, 174–182.

Rathkolb, Oliver (Hg.) (2004) *250 Jahre – von der Orientalischen zur Diplomatischen Akademie in Wien.* Innsbruck; Wien [u.a.]: Studien-Verlag.

Reiter, Clara (2013) „…wo der Dollmetsch allzeit interpretirt." *Lebende Sprachen* 58, (1), 197–220.

Rothman, Natalie E. (2009) Interpreting Dragomans: Boundaries and Crossings in the Early Modern Mediterranean. *Comparative Studies in Society and History* 51(4), 771–800.

Runciman, Steven (1966) *Die Eroberung von Konstantinopel 1453.* München: Beck.

Schwoebel, Robert (1967) *The Shadow of the crescent: The Renaissance image of the Turk <1453–1517>.* Nieuwkoop: de Graaf.

Séraphin-Vincent, Dominique (1995) Du drogman barataire au drogman francais (1669–1793). Contexte et application de la réforme de Colbert. In: Hitzel (éd.) *Istanbul et les langues orientales: actes de colloque organisé par l'IFÉA et l'INALCO à l'occasion du bicentenaire de l'École des Langues Orientales; Istanbul 29 – 31 mai 1995*. Paris: Éds. L'Harmattan, 141–152.

Severi, Bart (2005) Representation and Self-Consciousness in 16th Century Habsburg Diplomacy in the Ottoman Empire. In: Kurz (Hg.) *Das Osmanische Reich und die Habsburgermonarchie: Akten des Internationalen Kongresses zum 150-jährigen Bestehen des Instituts für Österreichische Geschichtsforschung; Wien, 22. – 25. September 2004.* Wien [u.a.]: Oldenburg, 281–294.

Spuler, Bertold (1936) Die europäische Diplomatie in Konstantinopel bis zum Frieden von Belgrad (1739). *Jahrbücher für Geschichte Osteuropas* (1), 229–383.

Strohmeyer, Arno (2005) Das Osmanische Reich – ein Teil des europäischen Staatensystems der Frühen Neuzeit? In: Kurz (Hg.) *Das Osmanische Reich und die Habsburgermonarchie: Akten des Internationalen Kongresses zum 150-jährigen Bestehen des Instituts für Österreichische Geschichtsforschung; Wien, 22. – 25. September 2004.* Wien [u.a.]: Oldenburg, 149–166.

Starkenfels, Victor Weiß Edlem von (1839) *Die kaiserlich-königliche orientalische Akademie zu Wien, ihre Gründung, Fortbildung und gegenwärtige Einrichtung*. Wien: Carl Herold.

Ter Minassian, Anahide (1995) Les 'Arméniens' du Roi de France. In: Hitzel (éd.) *Istanbul et les langues orientales: actes de colloque organisé par l'IFÉA et l'INALCO à l'occasion du bicentenaire de l'École des Langues Orientales; Istanbul 29 – 31 mai 1995*. Paris: Éds. L'Harmattan, 215–234.

Thumser, Matthias (1997) Türkenfrage und öffentliche Meinung. *Zeitschrift für historische Forschung* (20), 59–78.

Wagner, Georg (1984) Österreich und die Osmanen im Dreißigjährigen Krieg. Hermann Graf Czernins Großbotschaft nach Konstantinopel 1644/45. *Mitteilungen des Oberösterreichischen Landesarchiv in Linz* (14), 325–392.

Wolf, Michaela (2005) „Diplomatenlehrbuben" oder angehende „Dragomane"? Zur Rekonstruktion des sozialen „Dolmetschfeldes" in der Habsburgermonarchie. In: Kurz (Hg.) *Das Osmanische Reich und die Habsburgermonarchie: Akten des Internationalen Kongresses zum 150-jährigen Bestehen des Instituts für Österreichische Geschichtsforschung; Wien, 22. – 25. September 2004.* Wien [u.a.]: Oldenburg, 503–514.

Zedinger, Renate (2010) Vom Sprachknaben zum Internuntius. In: Tischler-Hofer, Ulrike, Zedinger, Renate (Hg.) *Kuppeln – Korn – Kanonen. Unerkannte und unbekannte Spuren in Südosteuropa von der Aufklärung bis in die Gegenwart.* Innsbruck: StudienVerlag, 215–240.

TRANSKULTURALITÄT – TRANSLATION – TRANSFER

Bd. 1 Cornelia Zwischenberger: Qualität und Rollenbilder beim simultanen Konferenzdolmetschen. 434 Seiten. ISBN 978-3-86596-527-1

Bd. 2 Sarah Fünfer: Mensch oder Maschine? Dolmetscher und maschinelles Dolmetschsystem im Vergleich. 150 Seiten. ISBN 978-386596-548-6

Bd. 3 Dörte Andres/Martina Behr (Hg.): Die Wahrheit, die reine Wahrheit und nichts als die Wahrheit. Erinnerungen der russischen Dolmetscherin Tatjana Stupnikova an den Nürnberger Prozess. 242 Seiten. ISBN 978-3-7329-0005-3

Bd. 4 Larisa Schippel (Hg.): Magda Jeanrenaud: Universalien des Übersetzens. 332 Seiten. ISBN 978-3-86596-444-1

Bd. 5 Sylvia Reinart: Lost in Translation (Criticism)? Auf dem Weg zu einer konstruktiven Übersetzungskritik. 438 Seiten. ISBN 978-3-7329-0014-5

Bd. 6 Sophia Scherl: Die deutsche Übersetzungskultur in der zweiten Hälfte des 18. Jahrhunderts. Meta Forkel-Liebeskind und ihre Übersetzung der *Rights of Man*. 152 Seiten. ISBN 978-3-7329-0020-6

Bd. 7 Thomas Kammer: Basiswissen für Dolmetscher – Deutschland und Spanien. 204 Seiten. ISBN 978-3-7329-0035-0

Bd. 8 Dorothee Jacobs: Basiswissen für Dolmetscher – Deutschland und das Vereinigte Königreich Großbritannien und Nordirland. 192 Seiten. ISBN 978-3-7329-0036-7

Bd. 9 Sophia Roessler: Basiswissen für Dolmetscher – Deutschland und Italien. 212 Seiten. ISBN 978-3-7329-0039-8

Bd. 10 Annika Selnow: Basiswissen für Dolmetscher – Deutschland und Frankreich. 192 Seiten. ISBN 978-3-7329-0040-4

Bd. 12 Alice Leal: Is the Glass Half Empty or Half Full? Reflections on Translation Theory and Practice in Brazil. 334 Seiten. ISBN 978-3-7329-0068-8

Bd. 13 Kristina Werner: Zwischen Neutralität und Propaganda – Französisch-Dolmetscher im Nationalsozialismus. 130 Seiten. ISBN 978-3-7329-0085-5

Bd. 14 Larisa Schippel/Magda Jeanrenaud/Julia Richter (Hg.): „Traducerile au de cuget să îmblînzească obiceiurile …". Rumänische Übersetzungsgeschichte – Prozesse, Produkte, Akteure. 368 Seiten. ISBN 978-3-7329-0087-9

Bd. 15 Elena Kalašnikova (Hg.): „Übersetzer sind die Wechselpferde der Aufklärung". Im Gespräch: Russische Übersetzerinnen und Übersetzer deutscher Literatur. 254 Seiten. ISBN 978-3-7329-0097-8

Frank & Timme

TRANSKULTURALITÄT – TRANSLATION – TRANSFER

Bd. 16 Dörte Andres/Martina Behr (eds.): To Know How to Suggest ... Approaches to Teaching Conference Interpreting. 260 Seiten. ISBN 978-3-7329-0114-2

Bd. 17 Tatiana Bedson/Maxim Schulz: Sowjetische Übersetzungskultur in den 1920er und 1930er Jahren. Die Verlage *Vsemirnaja literatura* und *Academia*. 182 Seiten. ISBN 978-3-7329-0142-5

Bd. 18 Cécile Balbous: Das Sprachknaben-Institut der Habsburgermonarchie in Konstantinopel. 90 Seiten. ISBN 978-3-7329-0149-4

Bd. 19 Cornelia Zwischenberger/Martina Behr (eds.): Interpreting Quality: A Look Around and Ahead. 334 Seiten. ISBN 978-3-7329-0191-3

Bd. 20 Mehmet Tahir Öncü: Basiswissen für Dolmetscher – Deutschland und die Türkei. 232 Seiten. ISBN 978-3-7329-0154-8

Bd. 21 Marc Orlando: Training 21st century translators and interpreters: At the crossroads of practice, research and pedagogy. 158 Seiten. ISBN 978-3-7329-0245-3

Bd. 22 Christian Trollmann: Nationalsozialismus auf Japanisch? Deutsch-japanische Beziehungen 1933–1945 aus translationssoziologischer Sicht. 154 Seiten. ISBN 978-3-7329-0281-1

Bd. 23 Ursula Gross-Dinter (Hg.): Dolmetschen 3.0 – Einblicke in einen Beruf im Wandel. 226 Seiten. ISBN 978-3-7329-0188-3

Bd. 24 Lieven D'hulst/Carol O'Sullivan/Michael Schreiber (eds.): Politics, Policy and Power in Translation History. 256 Seiten. ISBN 978-3-7329-0173-9

Bd. 25 Dörte Andres/Julia Richter/Larisa Schippel (Hg.): Translation und „Drittes Reich". Menschen – Entscheidungen – Folgen. 352 Seiten. ISBN 978-3-7329-0302-3

Bd. 26 Julia Richter/Cornelia Zwischenberger/Stefanie Kremmel/Karlheinz Spitzl (Hg.): (Neu-)Kompositionen. Aspekte transkultureller Translationswissenschaft. 404 Seiten. ISBN 978-3-7329-0306-1

Bd. 27 Barbara den Ouden: Translation und Emotion: Untersuchung einer besonderen Komponente des Dolmetschens. 438 Seiten. ISBN 978-3-7329-0304-7

Bd. 28 Larisa Schippel/Cornelia Zwischenberger (eds.): Going East: Discovering New and Alternative Traditions in Translation Studies. 540 Seiten. ISBN 978-3-7329-0335-1

Bd. 29 Dörte Andres/Klaus Kaindl/Ingrid Kurz (Hg.): Dolmetscherinnen und Dolmetscher im Netz der Macht. Autobiographisch konstruierte Lebenswege in autoritären Regimen. 280 Seiten. ISBN 978-3-7329-0336-8

Frank & Timme

TRANSKULTURALITÄT – TRANSLATION – TRANSFER

Bd. 30 Martina Behr/Sabine Seubert (Hg.): Education is a Whole-Person Process. Von ganzheitlicher Lehre, Dolmetschforschung und anderen Dingen. 516 Seiten. ISBN 978-3-7329-0324-5

Bd. 31 Simone Kellner: Basiswissen für Dolmetscher und Übersetzer – Österreich. 108 Seiten. ISBN 978-3-7329-0370-2

Bd. 32 Simon Zupan/Aleksandra Nuč (eds.): Interpreting Studies at the Crossroads of Disciplines. 204 Seiten. ISBN 978-3-7329-0045-9

Bd. 33 Hilke Effinghausen: Zwischen Neutralität und Propaganda – Spanisch-Dolmetscher im Nationalsozialismus. 178 Seiten. ISBN 978-3-7329-0394-8

Bd. 34 Lars Felgner: Nonverbale Kommunikation beim medizinischen Dolmetschen. 428 Seiten. ISBN 978-3-7329-0386-3

Bd. 35 Annika Schlesiger: Berufsschutz für Übersetzer und Dolmetscher in Deutschland. Vergangenheit – Gegenwart – und Zukunft? 200 Seiten. ISBN 978-3-7329-0408-2

Bd. 36 Lena Skalweit: Dolmetscher und ihre Ausbildung im Zeitalter der europäischen Expansion. Osmanisches Reich und Afrika. 312 Seiten. ISBN 978-3-7329-0371-9

Bd. 37 Samantha Blai: Basiswissen für Dolmetscher und Übersetzer – Deutschland und Polen. 306 Seiten. ISBN 978-3-7329-0446-4

Bd. 38 Jette Knapp: Basiswissen für Dolmetscher und Übersetzer – Deutschland und USA. 248 Seiten. ISBN 978-3-7329-0447-1

Bd. 39 Thomas Baumgart/Mona Gerlach: Basiswissen für Dolmetscher und Übersetzer – Deutschland und Spanien. 254 Seiten. ISBN 978-3-7329-0465-5

Bd. 40 Amrei Bahr/Katja Hagedorn: Basiswissen für Dolmetscher und Übersetzer – Deutschland und das Vereinigte Königreich Großbritannien und Nordirland. 236 Seiten. ISBN 978-3-7329-0467-9

Bd. 41 Saskia Isabelle Riemke/Eleonora Pepe: Basiswissen für Dolmetscher und Übersetzer – Deutschland und Italien. 276 Seiten. ISBN 978-3-7329-0468-6

Bd. 42 Miriam Heike Schroers: Basiswissen für Dolmetscher und Übersetzer – Deutschland und Frankreich. 280 Seiten. ISBN 978-3-7329-0485-3

Bd. 43 Charlotte P. Kieslich: Dolmetschen im Nationalsozialismus. Die Reichsfachschaft für das Dolmetscherwesen (RfD). 428 Seiten. ISBN 978-3-7329-0515-7

Bd. 44 Viktoria Fedorovskaja/Tatiana Yudina: Basiswissen für Dolmetscher und Übersetzer – Deutschland und Russland. 264 Seiten. ISBN 978-3-7329-0487-7

TRANSKULTURALITÄT – TRANSLATION – TRANSFER

Bd. 45 Ke Liu: Basiswissen für Dolmetscher und Übersetzer – Deutschland und China. 228 Seiten. ISBN 978-3-7329-0527-0

Bd. 46 Antonina Lakner: Peter de Mendelssohn – Translation, Identität und Exil. 414 Seiten. ISBN 978-3-7329-0491-4

Bd. 47 Sabine Seubert: Visuelle Informationen beim Simultandolmetschen. Eine Eyetracking-Studie. 402 Seiten. ISBN 978-3-7329-0572-0

Bd. 48 Kimberly Dinnissen/Rob Soons: Basiswissen für Dolmetscher und Übersetzer – Deutschland und die Niederlande. 270 Seiten. ISBN 978-3-7329-0583-6

Bd. 49 Martina Behr: Dolmetschen: Komplexität, Methodik, Modellierung. 288 Seiten. ISBN 978-3-7329-0635-2

Bd. 50 Aleksey Tashinskiy/Julija Boguna/Andreas F. Kelletat (Hg.): Übersetzer und Übersetzen in der DDR. Translationshistorische Studien. 292 Seiten. ISBN 978-3-7329-0698-7

Bd. 51 Kate Reiserer: Vier Übersetzerinnen und ihre neun Ehemänner. Ehe und Übersetzung in der Romantik. 154 Seiten. ISBN 978-3-7329-0755-7

Bd. 52 Larisa Schippel/Julia Richter (Hg.): Translation und „Drittes Reich“. Translationsgeschichte als methodologische Herausforderung. 370 Seiten. ISBN 978-3-7329-0661-1

Bd. 53 Aleksey Tashinskiy/Julija Boguna/Tomasz Rozmysłowicz (Hg.): Translation und Exil (1933–1945) I. Namen und Orte. Recherchen zur Geschichte des Übersetzens. 494 Seiten. ISBN 978-3-7329-0744-1

Bd. 54 Hildegard Maria Mader: Von Paris nach Kairo: Wissenstransfer im *Paris-Bericht* Rifāʿa Rāfiʿ aṭ-Ṭahṭāwīs. Ein Beitrag zur Übersetzungsgeschichte Ägyptens im 19. Jahrhundert. 118 Seiten. ISBN 978-3-7329-0841-7

Bd. 55 Yafen Zhao: Take it or leave it? Notationstechnik beim Konsekutivdolmetschen Chinesisch–Deutsch. 276 Seiten. ISBN 978-3-7329-0871-4

Bd. 56 Hannah Spannring: Lore Segal – Ein translatorisches Porträt im Kontext Exil. 238 Seiten. ISBN 978-3-7329-0901-8

Frank & Timme